THÉORIE

DE

LA MUSIQUE

IMPRIMERIE J. CLAYE
RUE SAINT-BENOIT 7
LABOR
PARIS

THÉORIE

DE

LA MUSIQUE

PAR

A. DANHAUSER

PROFESSEUR

AU CONSERVATOIRE NATIONAL DE MUSIQUE DE PARIS; CHEVALIER DE L'ORDRE ROYAL

D'ISABELLE LA CATHOLIQUE (ESPAGNE)

OUVRAGE ADOPTÉ POUR L'ENSEIGNEMENT

AU CONSERVATOIRE NATIONAL DE MUSIQUE

PRIX NET : 4 FRANCS

PARIS. — HENRY LEMOINE, ÉDITEUR

MAGASINS DE VENTE   GROS ET IMPRIMERIE

256, RUE SAINT-HONORÉ, 256   17, RUE PIGALLE, 17

COMMISSION — EXPORTATION

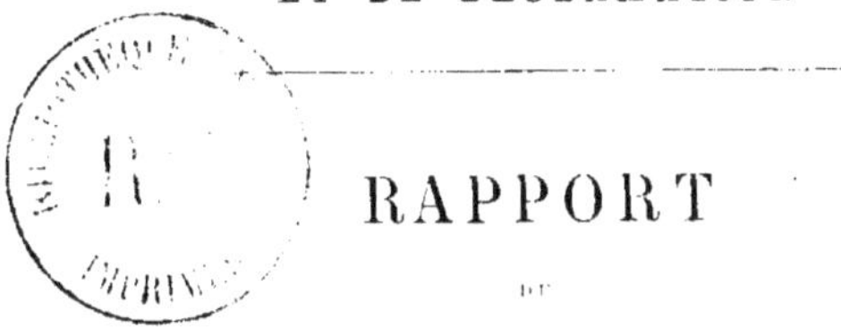

RAPPORT

DU

CONSEIL D'ENSEIGNEMENT

DES

ÉTUDES MUSICALES

DU CONSERVATOIRE

SUR LA

THÉORIE DE LA MUSIQUE DE M. DANHAUSER

Paris, le 19 Juillet 1872.

Il est intéressant d'observer le travail qui s'opère aujourd'hui dans l'art musical. Quelques compositeurs, entraînés par ce besoin du changement qui caractérise notre époque, cherchent à tout prix des combinaisons nouvelles et semblent vouloir s'affranchir des lois qui ont présidé jusqu'à présent à la création de tant de chefs-d'œuvre.

Chose singulière, au milieu de ce trouble des esprits, la théorie musicale est restée debout, et jusqu'à présent les compositeurs les plus excentriques en ont respecté les règles. Elle se confirme même tous les jours par la création d'ouvrages nouveaux qui perfectionnent les méthodes anciennes. C'est parmi ces ouvrages qu'il faut placer la **Théorie de la Musique** que **M. Danhauser** soumet au conseil d'enseignement des études musicales du Conservatoire.

L'ouvrage de **M. Danhauser** est divisé en cinq parties. La première partie traite *des signes ;* la seconde, *de la gamme et des intervalles ;* la troisième, *de la tonalité ;* la quatrième, *de la mesure,* et la cinquième, *des principes généraux de l'exécution musicale.* Cette division est excellente. Elle donne un classement logique à chaque fait musical et le grave ainsi plus facilement dans la mémoire des élèves. Chaque leçon est suivie d'un exercice pratique dont la réalisation apporte aux études une solidité qu'il serait difficile d'obtenir autrement. Plusieurs points importants de la théorie musicale sont élucidés d'une manière remarquable. Il faut citer particulièrement le chapitre qui traite des *gammes chromatiques.* On sent que cet ouvrage est le fruit d'une longue et féconde expérience. En effet, **M. Danhauser** dirige depuis plusieurs années une classe de solfége au Conservatoire de Paris. En lisant sa **Théorie de la Musique,** on peut lui appliquer justement ces paroles de **Montaigne :** « C'est tousjours plaisir de veoir les choses escriptes par ceulx qui ont essayé comme il les fault conduire. »

En conséquence, le conseil d'enseignement approuve la **Théorie de la Musique** de M. **Danhauser** et l'adopte pour l'usage des classes du Conservatoire.

Signé : **Ambroise THOMAS**, Membre de l'Institut,

DIRECTEUR-PRÉSIDENT DU CONSEIL.

Charles BLANC, Membre de l'Institut, Directeur des Beaux-Arts ; **A. de BEAUPLAN**, Chef du Bureau des Théâtres ; **Henri REBER**, Membre de l'Institut, Professeur de Composition musicale ; **Charles GOUNOD**, Membre de l'Institut ; **Félicien DAVID**, Membre de l'Institut ; **Victor MASSÉ**, Membre de l'Institut, Professeur de Composition musicale ; **François BAZIN**, Professeur de Composition musicale ; **BARBEREAU**, Chargé du Cours d'esthétique musicale.

Pour copie conforme :

Émile RÉTY,

SECRÉTAIRE.

PARIS. — J. CLAYE, IMPRIMEUR, 7, RUE SAINT-BENOIT. — [830]

PRÉFACE.

Le **solfége**, base de tout enseignement musical sérieux, comprend deux parties distinctes : la partie pratique et la partie théorique. La partie pratique consiste à chanter en prononçant le nom des notes. La partie théorique a pour but d'expliquer tout ce qui se rattache aux signes employés pour écrire la musique et aux lois qui les coordonnent tant sous le rapport du *son* (intonation), que sous celui de la *durée* (mesure).

C'est la partie théorique que nous présentons au public sous le titre de THÉORIE DE LA MUSIQUE.

Appelé depuis plusieurs années à diriger une classe de solfége au Conservatoire de Musique de Paris, nous écrivîmes cet ouvrage spécialement pour ce cours, l'expliquant, le modifiant, en en transformant même quelques passages, selon ce que nous conseillaient la pratique et l'expérience. De plus, mis en œuvre, ayant subi l'expérimentation de l'Ecole, il pourra, telle est du moins notre espérance, faciliter ces premières études, toujours si arides. C'est là ce qui nous a engagé à le publier.

Cette THÉORIE se divise en cinq parties suivies d'un complément. La première partie traite *DES SIGNES EMPLOYÉS POUR ÉCRIRE LA MUSIQUE*; la deuxième, *DE LA GAMME ET DES INTERVALLES*; la troisième, *DE LA TONALITÉ*; la quatrième, *DE LA MESURE*; la cinquième *DES PRINCIPES GÉNÉRAUX DE L'EXÉCUTION MUSICALE*, trop souvent négligée dans les études élémentaires; enfin le complément parle des *NOTES D'AGRÉMENT, ABRÉVIATIONS*, etc.

Adoptant l'excellente forme donnée par notre cher Maître Monsieur François BAZIN à son COURS D'HARMONIE, nous avons subdivisé chaque partie en un certain nombre de leçons, suivies chacune d'un exercice à écrire. Cette forme offre de grands avantages; car l'élève, apprenant peu à la fois, retient sans peine, et forcé de comprendre les faits, pour écrire correctement les exercices, il pourrait être dispensé de la récitation par cœur, le plus souvent pénible et quelquefois inutile.

Pour que la marche de certains chapitres ne soit pas ralentie, tout ce qui n'est pas indispensable, quoique pouvant offrir quelqu'intérêt, a été placé dans des notes, à la fin du volume.

Ajoutons que les paragraphes qui, dans le texte, sont *écrits* en caractères plus petits, pourront, suivant l'âge ou l'aptitude de l'élève, être négligés par lui sans inconvénient. Enfin, la quatrième partie, quoique placée dans l'ordre qu'elle doit rigoureusement occuper, pourrait être étudiée par les commençants avant la troisième.

Si nous avons atteint le but que nous nous sommes proposé, nous devons en rendre un juste hommage à tout ce que nos devanciers ont écrit d'excellent sur ce sujet. Nous avons profité de leurs nombreux travaux et nous nous sommes efforcé d'éclaicir quelques points obscurs, d'être complet tout en restant concis, exact dans les définitions, d'enchaîner toutes les leçons de telle sorte que chacune soit la conséquence de celle qui la précède, et surtout de procéder toujours du *connu* à l'*inconnu*. En un mot, notre objectif a été l'*ordre*, la *clarté* et la *précision*

Paris, 1872.

THÉORIE DE LA MUSIQUE

1. La **musique** est l'art des sons. (¹)

Elle s'écrit et se lit aussi facilement qu'on lit et écrit les paroles que nous prononçons.

Pour lire la musique et comprendre cette lecture, il faut connaître les signes au moyen desquels on l'écrit, et les lois qui les coordonnent.

L'étude de ces signes et de ces lois est l'objet de la « **Théorie de la musique.** »

PREMIÈRE PARTIE.

SIGNES EMPLOYÉS POUR ÉCRIRE
LA MUSIQUE.

DES SIGNES PRINCIPAUX.

2. La musique s'écrit au moyen de signes que nous allons faire connaitre et qui se placent sur la portée. (²)

3. Les signes principaux sont:

      1° Les **notes.**
      2° Les **clés.**
      3° Les **silences.**
      4° Les **altérations.**

1ʳᵉ Leçon.   DE LA PORTÉE.

4. La **portée** est la réunion de cinq *lignes* parallèles et horizontales.

Il est convenu de compter les lignes de bas en haut: la première ligne est donc la ligne inférieure, et la ligne supérieure est par conséquent la cinquième.

(¹) Voir la note (a) à la fin du volume.
(²) La *portée* est l'objet de la 1ʳᵉ leçon.

5. L'espace compris entre les lignes se nomme *interligne*.

Les interlignes se comptent également de bas en haut ; ainsi, le premier interligne est placé entre la première et la deuxième ligne ; le deuxième, entre la deuxième et la troisième ligne, etc.

Ex.
```
5e |
4e | ........ 4e interligne.
3e | ........ 3e int.
2e | ........ 2e int.
1re ligne. 1er int.
```

6. La **portée** se compose de *cinq lignes* et de *quatre interlignes*.

C'est sur la portée que se placent les signes qui servent à écrire la musique.

EXERCICE:

Tracez une portée et indiquez le numéro d'ordre de chaque ligne et de chaque interligne, comme dans l'exemple qui précède.

DES NOTES.

2ᵉ **Leçon.**

7. Les **notes** représentent des *durées* et des *sons*.

Selon leurs différentes *figures*, les notes expriment des *durées* différentes.

Selon leurs différentes *positions* sur la portée, les notes expriment des *sons* différents.

FIGURES DES NOTES
(SIGNES DES DURÉES)

8. Il y a *sept figures de notes* qui sont :

    1° La **ronde**............................... O

    2° La **blanche**...........................

    3° La **noire**...............................

    4° La **croche**.............................

    5° La **double croche**.................

    6° La **triple croche**..................

    7° La **quadruple croche**. (¹).......

(¹) Remarquez l'analogie qui existe entre chacune de ces figures et celle qui la suit ou la précède : ainsi la croche n'est autre que la figure de la noire à laquelle on ajoute un crochet ; la double croche n'est autre que la figure de la croche ayant deux crochets au lieu d'un.

9. Lorsque plusieurs croches, doubles croches, triples croches, ou quadruples croches sont placées les unes à côté des autres, on peut remplacer les crochets par des barres unissant ces notes. (¹)

Le nombre des barres doit toujours être égal, pour chaque note, au nombre de crochets qu'elles remplacent; ainsi, il faut une barre pour des croches, deux pour des doubles croches, etc.

EXEMPLE.

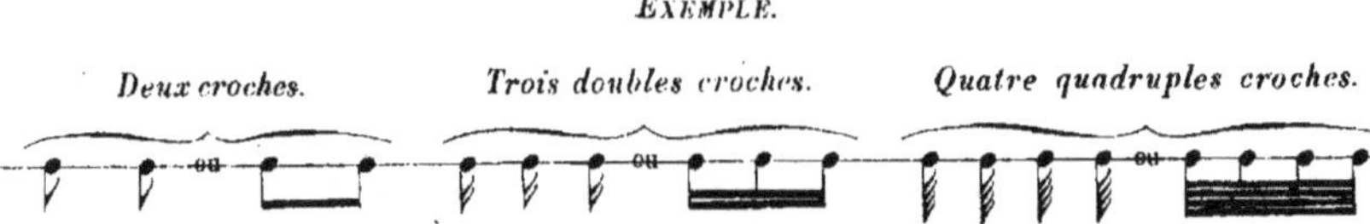

VALEURS DIFFÉRENTES.

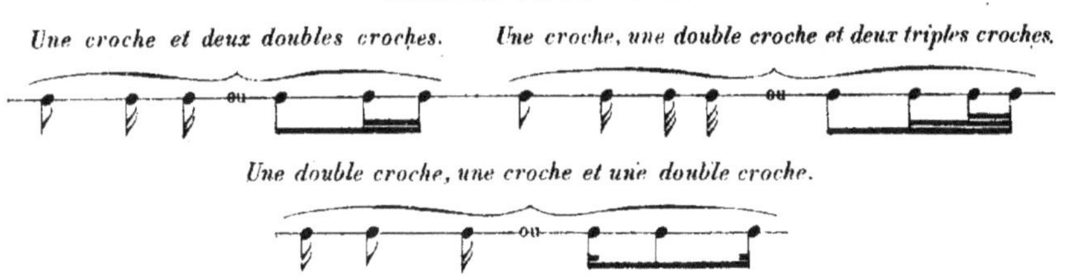

EXERCICES.

1° Ecrivez au-dessus de chacune des figures suivantes le nom qui lui est propre.

2° Tracez au-dessus de chacun des noms suivants la figure de note qu'il exprime.

Croche — Ronde — Noire — Quadruple croche — Blanche — Triple croche — Double croche.

3° Ecrivez avec des barres les figures suivantes écrites avec des crochets.

4° Ecrivez avec des crochets les figures suivantes écrites avec des barres.

(¹) Dans la musique vocale, il est d'usage, pour plus de clarté, d'employer les crochets lorsqu'à chaque croche, double croche, etc., est affectée une syllabe. Au contraire lorsqu'une seule syllabe est affectée à plusieurs croches, doubles croches, etc., on remplace les crochets par des barres.

DE LA VALEUR RELATIVE DES FIGURES DE NOTES.

3ᵉ Leçon.

10. Les **figures de notes** étant disposées dans l'ordre que nous avons indiqué (§ 8), la ronde représente la plus longue durée, et chacune des autres figures vaut la moitié de la figure qui la précède, et par conséquent le double de celle qui la suit.

EXEMPLE.

La **ronde**.............. o vaut: 2 *blanches* ou 4 noires ou 8 croches ou 16 doubles croches ou 32 triples croches ou 64 quadruples croches.

La **blanche**............ vaut: 2 *noires* ou 4 croches ou 8 doubles croches ou 16 triples croches ou 32 quadruples croches.

La **noire**.............. vaut: 2 *croches* ou 4 doubles croches ou 8 triples croches ou 16 quadruples croches.

La **croche**.............. vaut: 2 *doubles croches* ou 4 triples croches ou 8 quadruples croches.

La **double croche** vaut: 2 *triples croches* ou 4 quadruples croches.

La **triple croche** vaut: 2 *quadruples croches.*

11. La **ronde**, représentant la plus longue durée, est considérée comme l'*unité de valeur*; les autres figures de notes, ayant une valeur moindre, sont considérées comme des fractions de la ronde, par conséquent:

La blanche . ... équivaut à une *demie*................... $\frac{1}{2}$.

La noire...................... — un *quart*.................... $\frac{1}{4}$.

La croche .... — un *huitième*.................. $\frac{1}{8}$.

La double croche.......... — un *seizième*.................. $\frac{1}{16}$.

La triple croche............ — un *trente-deuxième*.......... $\frac{1}{32}$.

La quadruple croche..... . — un *soixante-quatrième*....... $\frac{1}{64}$.

EXERCICE.

Indiquez le rapport de valeur de chacune des figures de notes suivantes avec les autres figures de notes.

Blanche ρ — **Croche** — **Triple croche**

DE LA POSITION DES NOTES SUR LA PORTÉE.

(SIGNES DES SONS).

4ᵉ Leçon.

12. Les **notes**, quelles que soient leurs figures, se placent sur la portée de la manière suivante :

On place également une note au-dessous de la première ligne, et une au-dessus de la cinquième.

13. On peut aussi écrire d'autres notes, soit au-dessous de la portée, soit au-dessus ; on emploie alors de petites lignes nommées **lignes supplémentaires**. Le nombre de ces lignes supplémentaires n'est pas limité.

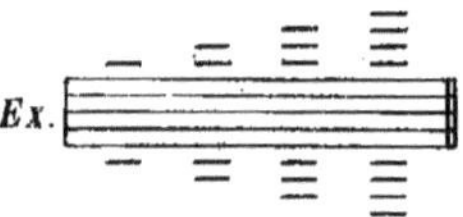

Les notes se placent sur ces lignes ; elles se placent aussi au-dessus de ces lignes lorsqu'elles sont au-dessus de la portée, et au-dessous de ces lignes lorsqu'elles sont au-dessous de la portée.

14. En écrivant les notes sur la portée, en remplissant chaque ligne et chaque interligne, en employant la note placée au-dessous de la première ligne, celle qui est placée au-dessus de la cinquième, ainsi que les notes écrites avec des lignes supplémentaires, on obtient la série suivante :

(¹) Le nombre des lignes supplémentaires n'étant pas limité, on pourrait en employer davantage si c'était nécessaire.

Les notes placées sur la portée de bas en haut expriment des sons allant du grave à l'aigu; ainsi, la note placée sur la quatrième ligne est plus aigüe que celle qui se trouve dans le troisième interligne, qui, elle-même, est plus aigüe que toutes celles qui sont au-dessous.

EXERCICE.

Tracez toutes les notes qui peuvent se placer entre les deux notes ci-dessous, en prenant pour modèle l'exemple précédent.

DU NOM DES NOTES.

5ᵉ Leçon.

15. Il n'y a que **sept noms de notes** pour exprimer tous les sons.
Ces noms sont:

1   2 3 4 5 6 7
UT ou **DO, RÉ, MI, FA, SOL, LA, SI.** (¹)

Ces notes forment une série de sons allant du grave à l'aigu, et que l'on nomme *série ascendante*.

16. On peut ajouter une seconde *série* à la première, puis une troisième, une quatrième, etc.

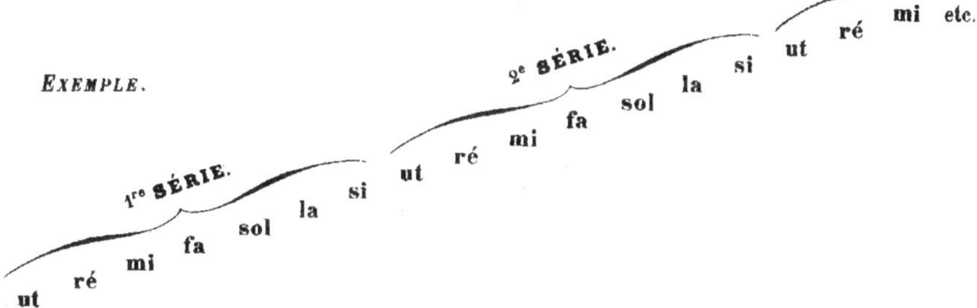

En prononçant ces noms de notes dans l'ordre inverse, on obtiendra une série de sons allant de l'aigu au grave, et que l'on nomme *série descendante*.

17. On nomme **octave** la distance qui sépare deux notes de même nom, appartenant à deux séries voisines.

EXERCICE.

Tracez trois séries descendantes successives, c'est-à-dire dans l'ordre inverse à celui de l'exemple précédent.

(¹) Voir la note (*b*) à la fin du volume.

6ᵉ Leçon.   DES CLÉS.

18. Les **clés** se placent au commencement de la portée. Elles servent à fixer le nom des notes et à indiquer en même temps la place que celles-ci occupent dans l'échelle musicale. (Voir § 21, l'échelle musicale).

19. Il y a *trois figures de clés.*

1° La **clé de fa**
qui se place sur la 3ᵉ ligne de la portée et sur la 4ᵉ.

2° La **clé d'ut**
qui se place sur la 1ʳᵉ ligne, sur la 2ᵉ, la 3ᵉ et la 4ᵉ.

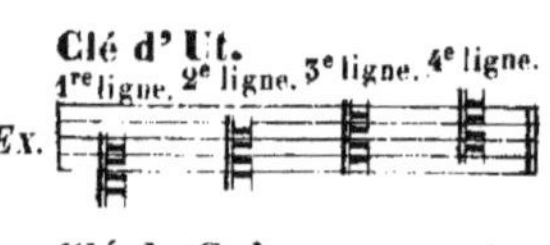

3° La **clé de sol**
qui se place sur la 1ʳᵉ ligne et sur la 2ᵉ.(¹)

20. Chaque clé donne son nom à la note placée sur la ligne même qu'elle occupe.

Le nom d'une note étant connu, il est facile de trouver le nom des autres notes; car elles se succèdent toujours dans l'ordre indiqué précédemment (§ 15); par conséquent si la note placée sur la deuxième ligne est un *sol*, celle qui est placée dans le premier interligne, c'est-à-dire immédiatement au-dessous de ce *sol*, est un *fa*.

La note placée dans le deuxième interligne, c'est-à-dire immédiatement au-dessus de ce *sol*, est un *la*.

En procédant de même, on trouve le nom de chacune des autres notes.

Il faut se rappeler qu'après avoir épuisé la série des sept noms de notes, on recommence une seconde série identique à la première, puis une troisième, etc.

(¹) La clé de *fa* qui se place sur la 3ᵉ ligne, la clé d'*ut* qui se place sur la 2ᵉ ligne, et la clé de *sol* qui se place sur la 1ʳᵉ ligne, ne sont plus en usage; elles ne sont utiles que pour la transposition.

ÉCHELLE MUSICALE.

UTILITÉ DES DIFFÉRENTES CLÉS.

21. L'**échelle musicale** est la réunion de tous les sons appréciables à l'oreille, depuis le plus grave jusqu'au plus aigu, et pouvant être exécutés par des voix ou des instruments.

On divise cette *échelle* en trois parties principales ; chacune de ces parties prend le nom de *registre*.

Le *registre du grave* qui comprend les sons les plus graves. (1er tiers de l'échelle).

Le *registre de l'aigu* qui comprend les sons les plus aigus. (3e ou dernier tiers de l'échelle).

Le *registre du médium* qui comprend les sons intermédiaires, plus aigus que ceux du registre grave, et plus graves que ceux du registre aigu. (2e tiers de l'échelle).

22. L'*échelle musicale* ayant une très grande étendue, les sons qu'elle contient ne pourraient s'écrire sur une seule portée sans le secours d'un grand nombre de lignes supplémentaires. C'est pour obvier à cet inconvénient qu'on a imaginé les diverses clés au moyen desquelles on peut placer sur la portée les différents registres de l'échelle musicale.(1)

EXERCICE.

Ecrivez au-dessus de chaque note le nom qui lui appartient. (Guidez-vous sur la note occupant la même ligne que la clé et dont le nom est indiqué).

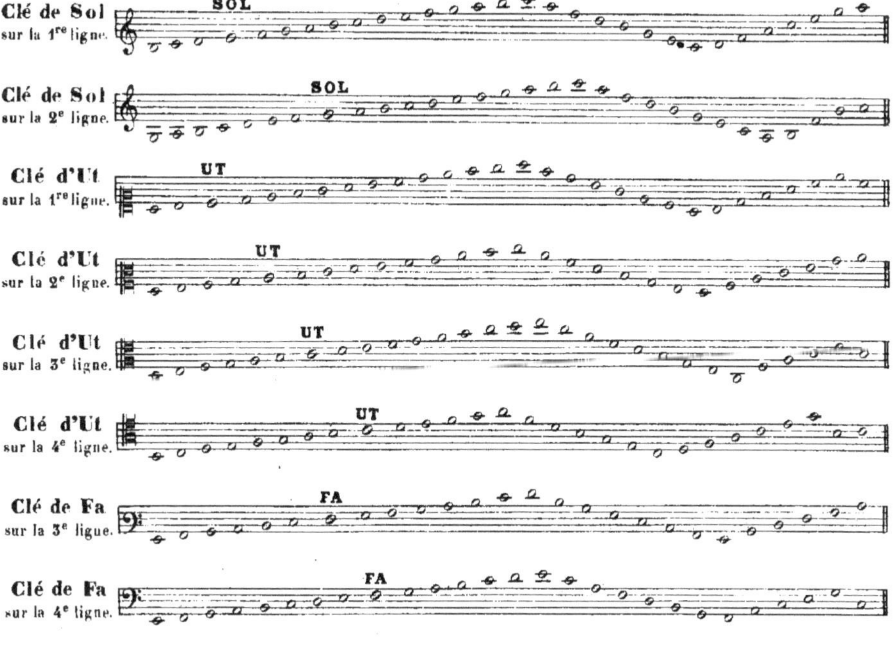

(1) Voir la note (c) à la fin du volume.

DU RAPPORT DES CLÉS ENTRE ELLES.

7ᵉ Leçon.

23. Pour assigner à chaque son un rang déterminé dans l'échelle musicale, il a été convenu de choisir un son, qui, servant de jalon, de point de repère, permette de fixer le rapport de tous les autres sons entre eux.(¹)

Ce son est le *la*, placé en clé de sol 2ᵉ ligne, dans le deuxième interligne.

24. On verra dans le tableau suivant, qui indique le rapport des clés entre elles, que ce *la* peut se trouver également sur la portée en employant d'autres clés.

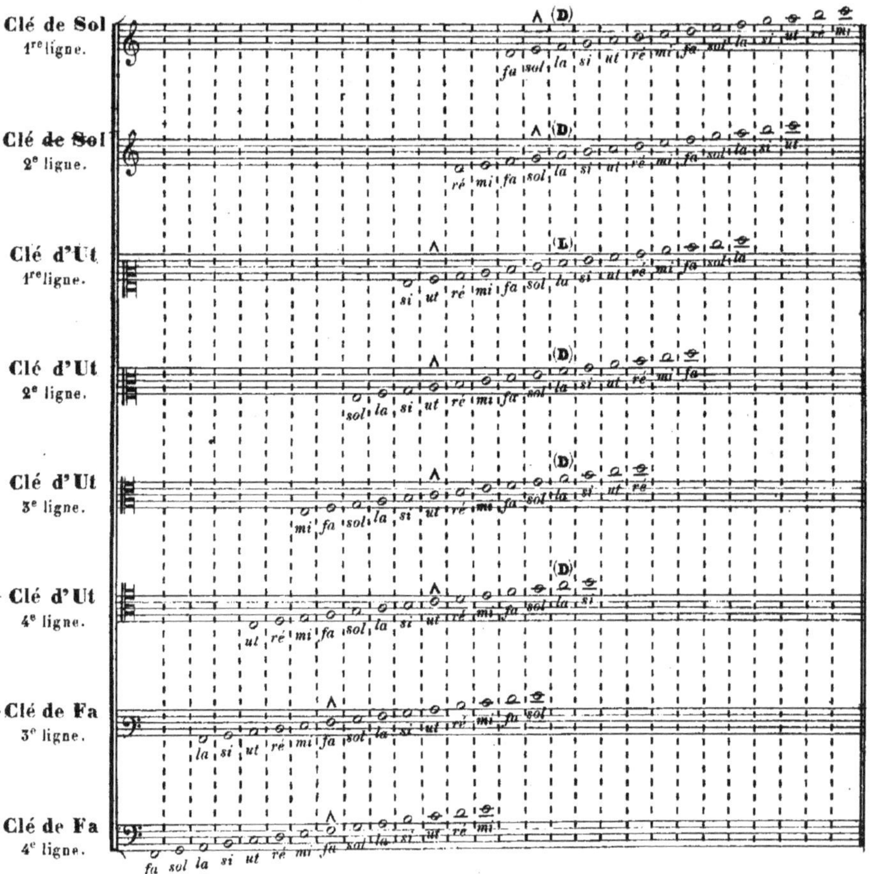

REMARQUES. — 1º Les notes placées dans la même colonne produisent le même son et portent le même nom.

2º La note surmontée du signe ∧ est celle qui se place sur la même ligne que la clé et qui porte le même nom que cette clé.

3º La note surmontée du signe (D) est le *la* du diapason.

____

(¹) Voir la note (*d*) à la fin du volume.

DES MOUVEMENTS.

25. Lorsque deux notes immédiatement voisines se succèdent, elles forment le **mouvement conjoint**.

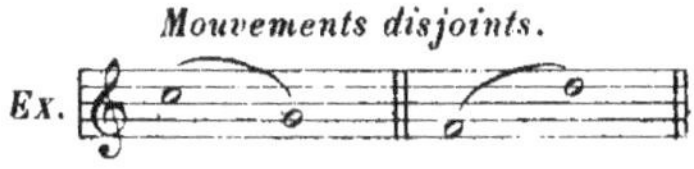

26. Lorsque deux notes non voisines se succèdent, elles forment le **mouvement disjoint**.

EXERCICES.

1º Ecrivez en clé de sol 2ᵉ ligne les notes suivantes placées sur différentes clés.

2º Indiquez les mouvements qui se trouvent entre les notes qui suivent.

DES VOIX.

8ᵉ Leçon.

27. Il y a deux genres de voix :

1º Les voix d'hommes,

2º Les voix de femmes ou d'enfants, (ces voix sont plus aigües d'une octave que les voix d'hommes).

28. Chacun de ces deux genres de voix se divise en voix graves et en voix aigües.

La voix *aigüe* de femme ou d'enfant se nomme **Soprano**.

— *grave* — — **Contralto**.

— *aigüe* d'homme...................... — **Ténor**.

— *grave* — — **Basse**.

29. Les voix forment les subdivisions suivantes :

TABLEAU DE LA SUBDIVISION DES VOIX.

VOIX DE FEMME ou D'ENFANT.	Aigües.	*Soprano,* ou premier soprano ou premier dessus.
		Mezzo soprano, ou second soprano ou second dessus.
	Grave.	*Contralto,*
VOIX D'HOMME.	Aigües.	*Premier ténor.*
		Second ténor.
	Graves.	*Première basse,* ou baryton.
		Seconde basse, ou basse-taille.

30. Ces différents genres de voix (qui ont une étendue ordinaire de douze ou treize notes successives) n'occupent pas le même registre sur l'échelle musicale, et ne s'écrivent pas toutes sur la même clé. Pour la même raison les différents instruments s'écrivent sur différentes clés; quelques uns même, ayant une grande étendue, ont une clé affectée à leurs notes graves, et une autre à leurs notes aigües.

EXERCICE.

Reproduisez le tableau de la subdivision des voix.

DE L'APPLICATION DES CLÉS

AUX VOIX ET AUX INSTRUMENTS.

9e Leçon.

31. Nous avons vu (tableau du rapport des clés entre elles, § 24) que la *clé de fa 4e ligne* produit les notes les plus graves de l'échelle musicale; puis que présentant graduellement des registres de plus en plus aigus, les différentes clés se succèdent dans l'ordre suivant : la *clé de fa 3e ligne*; la *clé d'ut 4e ligne*; la *clé d'ut 3e ligne*; la *clé d'ut 2e ligne*; la *clé d'ut 1re ligne*; la *clé de sol 2e ligne*; et enfin la *clé de sol 1re ligne.* (¹)

Nous allons indiquer à quels genres de voix et à quels instruments s'appliquent ces clés.

32. CLÉ DE FA SUR LA 4e LIGNE.

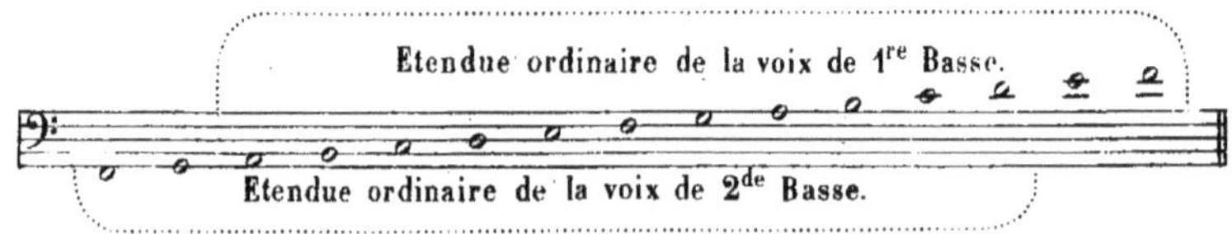

(¹) Nous rappelons (§ 19 — *Note*) que la clé de fa 3e ligne, la clé d'ut 2e ligne et la clé de sol 1re ligne sont aujourd'hui hors d'usage.

VOIX.	Première basse *ou* Baryton.[1] Seconde basse *ou* Basse-taille.
INSTRUMENTS.	Basson. Cor (pour quelques notes seulement). Trombone basse. Ophicléïde. Violoncelle. Contre-basse.

33.   CLÉ D'UT SUR LA 4ᵉ LIGNE.

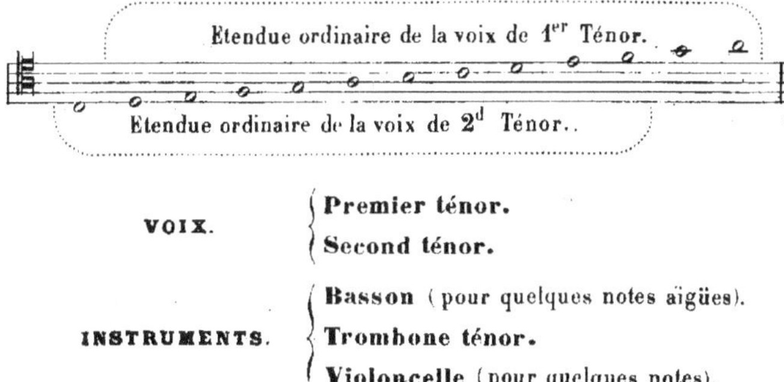

VOIX.	Premier ténor. Second ténor.
INSTRUMENTS.	Basson (pour quelques notes aïgües). Trombone ténor. Violoncelle (pour quelques notes).

34.   CLÉ D'UT SUR LA 3ᵉ LIGNE.

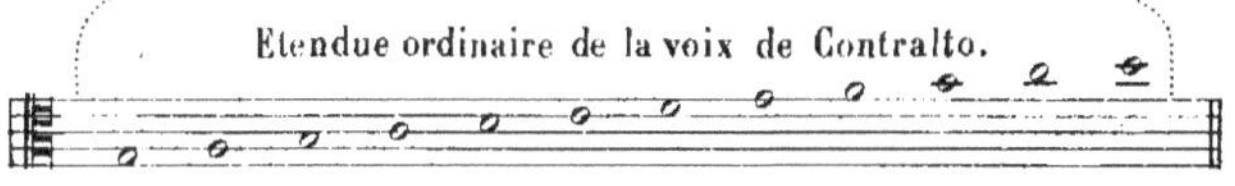

VOIX.	Contralto
INSTRUMENTS.	Trombone alto. Alto *ou* Quinte.

35.   CLÉ D'UT SUR LA 1ʳᵉ LIGNE.

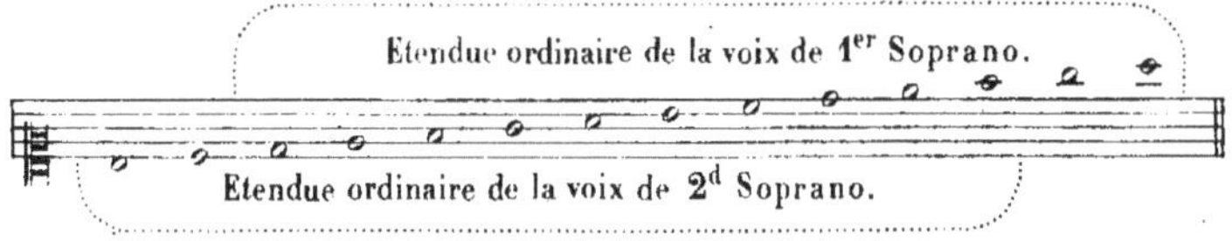

VOIX.	Premier soprano. Second soprano. [2]

---

[1] S'écrivait autrefois en clé de fa 3ᵉ ligne.

[2] S'écrivait autrefois en clé d'ut 2ᵉ ligne.

36. CLÉ DE SOL SUR LA 2ᵉ LIGNE.

INSTRUMENTS.

Violon.

Violoncelle (pour quelques notes aigües).

Flûte.

Hautbois.

Clarinette.

Cor.

Cornet à pistons.

Trompette.

Cor anglais.

Sax-horn.

Saxophone.

37. La musique pour le **piano**, l'**orgue** et la **harpe** s'écrit sur deux portées.

La *portée inférieure*, sur laquelle est placée la *clé de fa 4ᵉ ligne*, sert pour les sons graves (joués ordinairement par la main gauche).

La *portée supérieure*, sur laquelle est placée la *clé de sol 2ᵉ ligne*, sert pour les sons aigus (joués ordinairement par la main droite). ([1])

On unit ces deux portées par un signe nommé **accolade** et qui se place au commencement de chaque ligne.

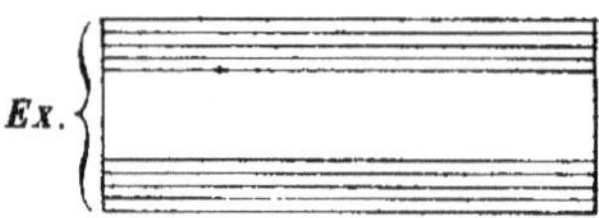

Il y a encore une autre sorte d'*accolade*, qui se place seulement dans la *partition* ([2]), et qui sert à unir *deux* ou un plus grand nombre de portées occupées par des instruments de même espèce, ou par différentes parties chorales.

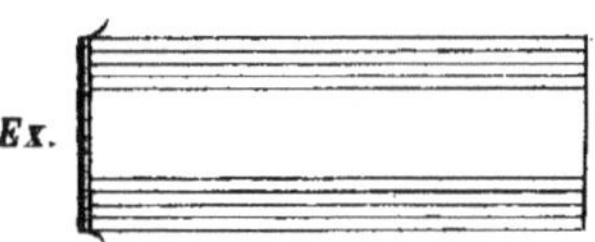

___

([1]) Voir la note (*e*) à la fin du volume.

([2]) On nomme *Partition* la réunion de toutes les parties d'un morceau de musique écrit pour plusieurs instruments ou plusieurs voix.

Cette réunion des parties s'opère en les écrivant l'une au-dessous de l'autre, de manière à ce que chaque mesure d'une partie corresponde à la même mesure de chacune des autres parties. La *partition* permet d'embrasser d'un coup d'œil l'ensemble d'une composition.

38. REMARQUES. — 1° La connaissance de la clé de sol 2e ligne. étant plus répandue que celle des clés d'ut, on publie ordinairement sur cette clé tous les chants pour voix de soprano ou voix de ténor. Toute musique écrite en clé de sol et chantée par des hommes, est entendue à une octave au-dessous de la notation.

2° La connaissance de toutes les clés n'étant indispensable qu'aux personnes qui désirent transposer ou aborder l'étude de l'harmonie et de la composition, celles qui se proposent seulement de chanter ou de jouer d'un instrument pourront se borner à l'étude de la clé affectée à leur genre de voix ou à leur instrument.

EXERCICE.

Reproduisez le tableau précédent, de l'application des clés aux voix et aux instruments.

10e Leçon.

DES SILENCES.

39. Les **silences** sont des signes qui indiquent l'interruption du son.

40. Il y a *sept figures de silences* exprimant la durée plus ou moins longue de l'interruption du son, et qui sont:

    1° La **pause** ....

    2° La **demi-pause** ....

    3° Le **soupir** ....

    4° Le **demi-soupir** ....

    5° Le **quart de soupir** ....

    6° Le **huitième de soupir** ....

    7° Le **seizième de soupir**(1) ....

La pause se place *au-dessous de la quatrième ligne*; la demi-pause, *au-dessus de la troisième ligne*(2); les autres figures se placent indifféremment sur la portée.

EXERCICES.

1° Écrivez au-dessus de chacune des figures suivantes le nom qui lui est propre.

2° Tracez au-dessous de chacun des noms suivants la figure de silence qu'il exprime.

Quart de soupir — **Soupir** — **Demi-pause** — **Huitième de soupir**

Pause — **Demi-soupir** — **Seizième de soupir.**

3° Reconnaissez, dans une page de musique, le nom de tous les silences qui s'y trouvent.

---

(1) Remarquez l'analogie qui existe entre les deux premières figures et celle qui existe entre les cinq dernières. La pause se place *au-dessous* de la 4e ligne de la portée; la demi-pause est *la même figure*, placée *au-dessus* de la 3e ligne. Le soupir ressemble à un *sept* retourné, le demi-soupir à un *sept*, et les figures suivantes ne diffèrent du demi-soupir que par le nombre de leurs crochets.

(2) La pause se place quelquefois *sous* une autre ligne que la 4e, et la demi-pause *sur* une autre ligne que la 3e. C'est exceptionnellement et toujours pour obtenir plus de clarté.

11e Leçon.

41. Les *figures de silences* étant disposées dans l'ordre que nous avons indiqué, (§ 40) la pause représente la plus longue durée, et chacune des autres figures vaut la moitié de celle qui la précède et par conséquent le double de celle qui la suit.

EXEMPLE,

La **pause**..........................   vaut: **2** *demi-pauses* ou **4** soupirs ou **8** demi-soupirs ou **16** quarts de soupir ou **32** huitièmes de soupir ou **64** seizièmes de soupir.

La **demi-pause**..............   vaut: **2** *soupirs* ou **4** demi-soupirs ou **8** quarts de soupir ou **16** huitièmes de soupir ou **32** seizièmes de soupir.

Le **soupir**..........................   vaut: **2** *demi-soupirs* ou **4** quarts de soupir ou **8** huitièmes de soupir ou **16** seizièmes de soupir.

Le **demi-soupir**..............   vaut: **2** *quarts de soupir* ou **4** huitièmes de soupir ou **8** seizièmes de soupir.

Le **quart de soupir**.......   vaut: **2** *huitièmes de soupir* ou **4** seizièmes de soupir.

Le **huitième de soupir**   vaut: **2** *seizièmes de soupir.*

RAPPORT DE DURÉE ENTRE LES FIGURES DE NOTES ET LES FIGURES DE SILENCES.

42. Chaque figure de silence a une durée correspondante à celle d'une figure de note.

EXEMPLE.

EXERCICES.

1° Reproduisez le tableau de la valeur relative des figures de silences (§ 41).

2° Écrivez au-dessous des figures suivantes de silences les figures de notes qui ont la même valeur.

3° Ecrivez au-dessous des figures suivantes de notes les figures de silences qui ont la même valeur.

DE L'ALTÉRATION.

12ᵉ Leçon.

43. L'**altération** est un signe qui modifie le son de la note à laquelle il est affecté.

Il y a trois altérations :

1° Le **dièse** ♯, qui élève le son de la note.

2° Le **bémol** ♭, qui abaisse le son de la note.

3° Le **bécarre** ♮, qui détruit l'effet du dièse ou du bémol. Ainsi, il abaisse un son précédemment élevé par le dièse ; — il élève un son précédemment abaissé par le bémol.

44. L'altération se place :

1° Devant la note qu'elle modifie et sur la même ligne ou dans le même interligne qu'elle. (Son effet se continue sur toutes les notes de même nom qui se trouvent dans la même mesure (¹) et quelle que soit l'octave ou elles sont placées. Elle prend alors le nom d'**altération accidentelle** ou **accident.**)

2° Au commencement de la portée, et immédiatement après la clé, toujours sur la même ligne ou dans le même interligne que la note qu'elle doit modifier. (Tant que cette altération reste à la clé, son effet se continue sur toutes les notes de même nom et quelle que soit l'octave ou elles sont placées.

45. Il y a aussi :

1° Le **double dièse** 𝄪 ou x, qui élève le son deux fois plus que le simple dièse.

2° Le **double bémol** ♭♭, qui abaisse le son deux fois plus que le simple bémol(²).

EXERCICES.

1° Tracez les figures des altérations indiquées ci-dessous.

Bémol — Bécarre — Dièse — Double dièse — Double bémol.

2° Ecrivez le nom des altérations placées ci-dessous.

♮ — ♭ — ♯ — ♭♭ — x

3° Examinez avec attention une page de musique afin d'y reconnaître les altérations qui s'y trouvent.

(¹) Voyez le mot *mesure*, (4ᵉ Partie, 1ʳᵉ Leçon, § 178).
(²) Voir la note (*f*) à la fin du volume.

COMPLÉMENT DES SIGNES DE NOTATION.

DES SIGNES SECONDAIRES.

46. Les durées, représentées par les figures de notes, peuvent ainsi que nous l'avons vu (§ 11) se diviser en : *demies, quarts, huitièmes,* etc; mais ces différentes figures ne suffisent pas pour obtenir toutes les combinaisons possibles de durée. On a donc imaginé à cet effet d'autres signes, que nous nommons *signes secondaires.*

Ces signes sont :

      1° Le **point** et le **double point.**.

      2° Le **triolet.**

      3° La **liaison**.

13ᵉ Leçon.

DU POINT,

47. Le **point** se place après une note et augmente la valeur de cette note de la moitié de sa durée primitive.

Une blanche, par exemple, vaut deux noires ; étant pointée, elle vaudra une noire de plus, c'est-à-dire trois noires.

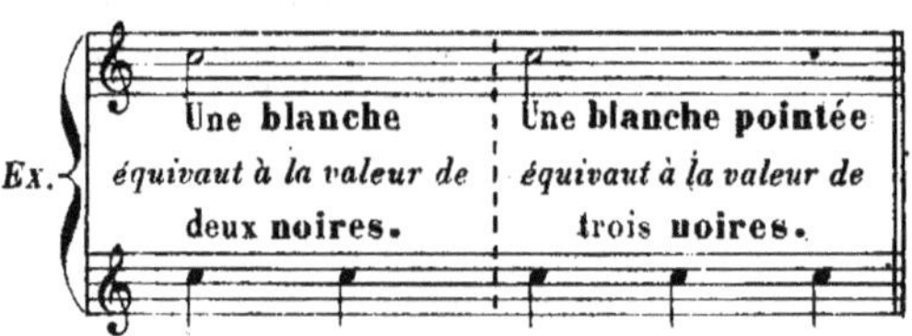

48. On voit qu'à l'aide du point, on peut obtenir des durées égales aux trois quarts de la valeur des différentes figures de notes. Dans l'exemple précédent, la blanche pointée vaut trois noires et par conséquent, équivaut aux trois quarts de la ronde.

49.

TABLEAU

DES VALEURS DE NOTES POINTÉES.

La **ronde** pointée............ o •	vaut:	3 *blanches*............	ρ ρ ρ
La **blanche** pointée.......... ρ •	—	3 *noires*............	♩ ♩ ♩
La **noire** pointée............ ♩ •	—	3 *croches*............	♪ ♪ ♪
La **croche** pointée............ ♪ •	—	3 *doubles croches*......	♬ ♬ ♬
La **double croche** pointée ♬ •	—	3 *triples croches*.......	♬ ♬ ♬
La **triple croche** pointée ♬ •	—	3 *quadruples croches*	♬ ♬ ♬

50. On place également le point après les figures de silences. Son effet est le même que lorsqu'il est placé après les figures de notes; il augmente de moitié la durée du silence.

Il n'est pas d'usage de pointer la pause, la demi-pause ni le soupir. Le point s'emploie seulement à partir du demi-soupir.

51.   **TABLEAU**

DES VALEURS DE SILENCES POINTÉS.

Le **demi-soupir pointé**........ ⅞ · vaut: 1 *demi-soupir* et 1 *quart de soupir*............ ⅞ ⅞

Le **quart de soupir pointé**... ⅞ · — 1 *quart de soupir* et 1 *huitième de soupir*..... ⅞ ⅞

Le **huitième de soupir pointé** ⅞ · — 1 *huitième de soupir* et 1 *seizième de soupir* ⅞ ⅞

DU DOUBLE POINT.

52. On peut aussi placer deux points après une note ou un silence. Le second point augmente la durée de cette note ou de ce silence de la moitié de la durée du premier point, (c'est-à-dire, augmente encore d'un quart de sa durée primitive la note ou le silence déjà pointé).

53. On voit qu'à l'aide du double point, on peut obtenir des durées égales aux sept huitièmes de la valeur des différentes figures de notes. Dans l'exemple précédent, la blanche suivie de deux points équivaut aux sept huitièmes de la ronde.

EXERCICES.

1° Indiquez le rapport de valeur de chacune des figures de notes pointées qui suivent, avec les figures de notes simples (¹).

Blanche pointée ♩· — **Croche pointée** ♪· — **Triple croche pointée** ♬·

2° Indiquez le rapport de valeur de chacune des figures de notes doublement pointées qui suivent, avec les figures de notes simples.

Blanche doublement pointée ♩·· — **Croche doublement pointée** ♪··

(¹) Pour la facilité de la démonstration, nous nommons note ou valeur *simple*, une valeur représentée par une figure de note non pointée, et n'étant pas en triolet. (Voir pour le triolet la leçon suivante).

14ᵉ Leçon.

DU TRIOLET.

54. Le **triolet** est la *division ternaire* d'une figure de note.

55. Nous avons vu précédemment (§ 10) que la durée d'une figure de note peut être divisée en deux parties égales (cette division par deux se nomme « *binaire* »); mais jusqu'à présent, nous n'avions aucun signe pour diviser la durée d'une figure de note en trois parties égales.

Cette division s'obtient à l'aide du triolet, (cette division par trois se nomme « *ternaire* »).

56. Afin de ne pas multiplier les signes au moyen desquels on écrit la musique, ce qui en rendrait la lecture difficile, on emploie, pour représenter le triolet, les figures de durée que nous connaissons déjà. Seulement, trois de ces figures, (ou un nombre de figures équivalant à la même somme de valeur) employées dans une division ternaire, ont une valeur égale à deux des mêmes figures employées dans une division binaire.

On place le chiffre *3* au-dessus ou au-dessous du triolet; ce *3* suffit pour indiquer la division ternaire.

EX. Ce triolet de croches équivaut à une noire. Chacune de ces croches vaut par conséquent le tiers d'une noire.

57. **TABLEAU DES VALEURS DE NOTES EN TRIOLET.**

La ronde............ o vaut : 3 *blanches*.............. *en triolet*

La blanche.......... — 3 *noires*.................. —

La noire............ — 3 *croches*.................. —

La croche.......... — 3 *doubles croches*..... —

La double croche — 3 *triples croches*...... —

La triple croche — 3 *quadruples croches* —

58. Un triolet peut ne pas former un groupe de trois notes égales , *pourvu que la somme de ses durées soit équivalante à celles des trois notes égales.*

EXEMPLE.

TRIOLETS
en notes de différentes durées.

Somme de durée équivalant à un triolet de croches

ou à une noire simple.

59. Le silence peut aussi faire partie d'un triolet; sa valeur doit alors être é-gale à celle de la note qu'il remplace.

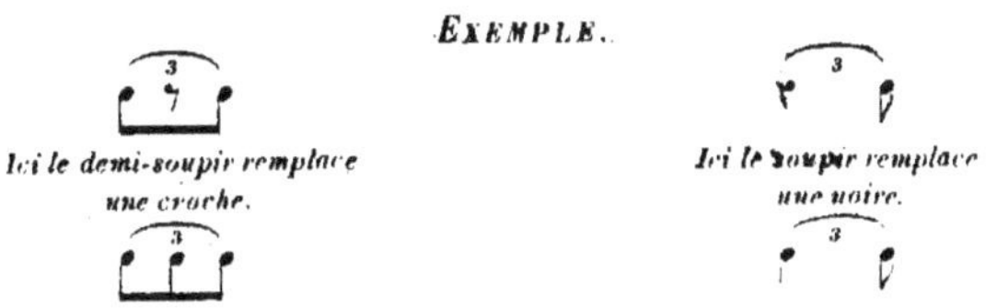

EXEMPLE.

DU DOUBLE TRIOLET
SIXAIN OU SEXTOLET.

60. On nomme **double triolet**, **sixain** ou **sextolet**, l'union en un seul groupe de deux triolets voisins.

Au lieu d'indiquer par un *3* chacun des triolets séparés, on indique le double triolet par un **6** placé au-dessus du groupe entier.

EXEMPLE.

61. Il ne faut pas confondre le *triolet double* ou *sixain* avec le *triolet simple* dont chaque note est divisée en deux.

Le premier est la *division ternaire* de chaque note d'un *groupe binaire*.

Le second est la *division binaire* de chaque note d'un *groupe ternaire*. (Il fait partie des triolets dont il est question § 58).

DES DIVISIONS IRRÉGULIÈRES.

62. Des groupes divisant irrégulièrement une figure de note se présentent quelquefois.

Ces groupes, composés d'un nombre impair de notes, soit de 5, de 7, de 9, etc., se représentent par l'espèce de note paire fournissant la division la plus analogue; ce groupe doit toujours être surmonté d'un chiffre indicateur.

EXEMPLE.

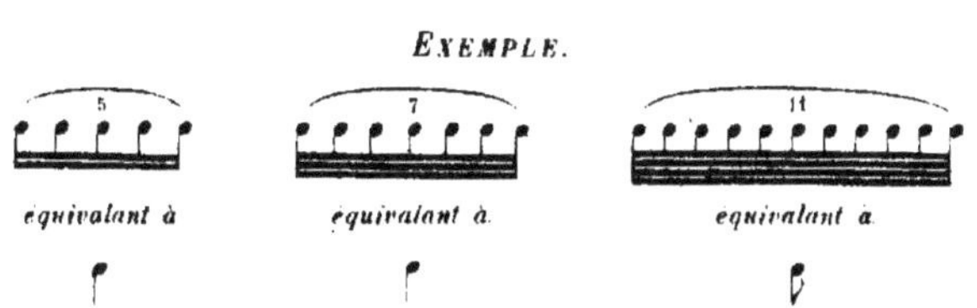

1º Ecrivez des triolets de croches équivalant à la durée des valeurs suivantes.

2º Ecrivez des triolets en valeurs inégales, et des triolets contenant des silences, équivalant à la durée des figures suivantes.

3º Ecrivez des doubles triolets ou sixains, équivalant à la durée des figures suivantes.

4º Ecrivez des groupes de 5, de 7, de 9 et de 11 notes, équivalant à la durée des figures suivantes.

15ᵉ Leçon.

DE LA LIAISON.

63. La **liaison** ([1]) est un signe qui unit deux notes de même son et presque toujours de même nom, quelle que soit leur durée.

Elle indique l'adjonction de la valeur de la seconde note à la valeur de la première.

On dit alors que ces notes sont *liées*.

Le premier exemple exprime une durée égale à une blanche et une croche.
Le second exemple exprime une durée égale à deux rondes.

64. On peut également lier les unes aux autres plus de deux notes consécutives.

65. La *liaison* est indispensable pour obtenir des durées qu'on ne pourrait écrire avec les signes dont nous avons parlé précédemment.

1º Ecrivez à l'aide de notes liées des valeurs égales
   à cinq croches.
   à trois rondes et une blanche.
   à deux rondes et trois croches.
   à une blanche, une croche et une double croche.

2º Faites la récapitulation de cette première partie ; puis, exercez vous à reconnaître, dans une page de musique, tous les signes dont il a été question jusqu'ici.

FIN DE LA PREMIÈRE PARTIE.

([1]) Nous parlons ici de la liaison comme signe de durée seulement, nous verrons plus tard sa signification comme signe d'accentuation.

DEUXIÈME PARTIE.

LA GAMME — LES INTERVALLES.

DE LA GAMME DIATONIQUE.

1re Leçon.

66. On nomme **gamme diatonique** une succession de sons, disposés par mouvement conjoint et selon les lois de la tonalité. [1]

Les sept notes se succédant ainsi « *ut, ré, mi, fa, sol, la, si* » (ordre que nous avons fait connaître au paragr. 15) et auxquelles on ajoute un huitième son, forment une *gamme diatonique*.

Ce huitième son n'est autre que la première note répétée à l'octave supérieure.

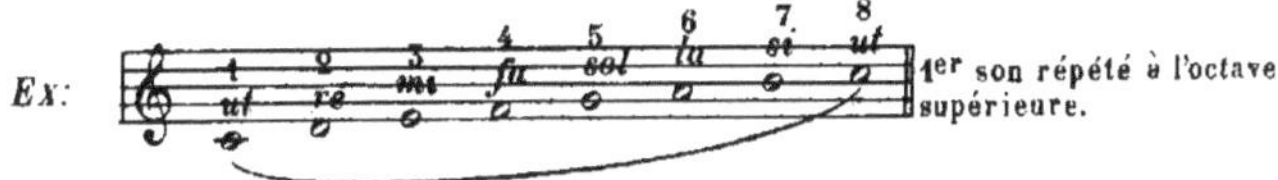

L'*ut*, note finale de cette série, peut être également la note initiale d'une nouvelle série, semblable à la première, mais plus aigüe.

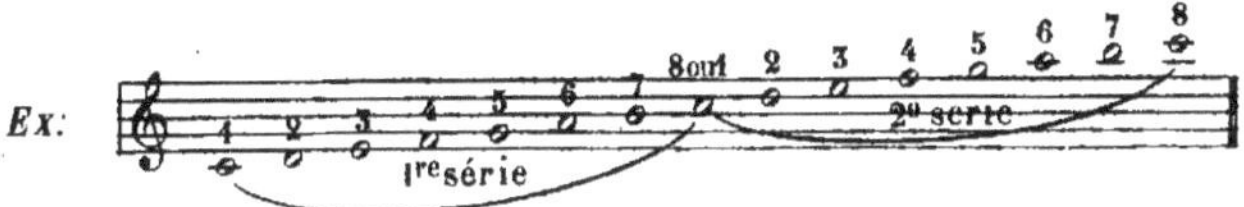

Chaque note d'une gamme prend aussi le nom de **degré**.

TON ET DEMI-TON.

67. Les *degrés* ou *notes* de la gamme ne sont pas également espacés entre eux; entre les uns la distance est plus grande, entre les autres elle est plus petite.

La distance plus grande se nomme **ton**.

La distance plus petite se nomme **demi-ton**.

---

[1] La tonalité fera l'objet de la 3e partie.

68. Le **ton** est placé:

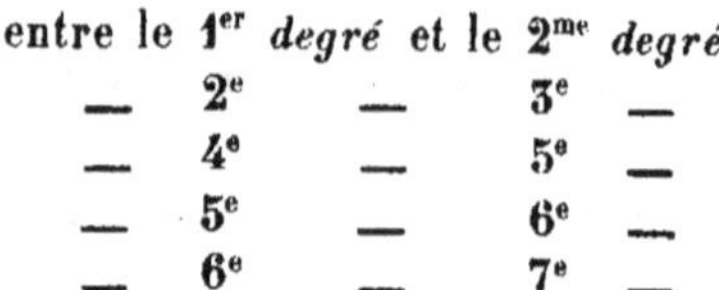

entre le 1er *degré* et le 2me *degré*
— 2e — 3e —
— 4e — 5e —
— 5e — 6e —
— 6e — 7e —

Le **demi-ton** est placé:

entre le 3e *degré* et le 4e *degré*
— 7e — 8e —

69. La gamme diatonique est donc composée de **5** *tons et de* **2** *demi-tons.*

Nous verrons plus tard que la gamme diatonique peut commencer par toute autre note que la note *ut*.

EXERCICE.

Reproduisez la gamme écrite dans les exemples précédents, et indiquez entre quels degrés se placent les tons et les demi-tons.

DE LA DIVISION DU TON.

DEMI-TON DIATONIQUE ET DEMI-TON CHROMATIQUE.

2e Leçon.

70. Un *ton* peut se diviser en deux *demi-tons*.

Entre deux notes séparées par un ton, soit: *ut-ré*, on peut faire entendre un son intermédiaire.

De la note «*ut*» à ce son intermédiaire, il y a un demi-ton.

De ce son intermédiaire à la note «*ré*» il y a un autre demi-ton.

Ce son intermédiaire peut s'obtenir:

1° En élevant le son de la note inférieure par un dièse, ♯. (Le dièse élève d'un demi-ton le son de la note devant laquelle il est placé.)

2° En abaissant le son de la note supérieure par un bémol, ♭. (Le bémol abaisse d'un demi-ton le son de la note devant laquelle il est placé.)

Le son intermédiaire peut toujours se placer entre deux sons séparés par un ton: par conséquent, un ton peut toujours être divisé en deux demi-tons.

DEMI-TON DIATONIQUE — DEMI-TON CHROMATIQUE.

71. Les deux *demi-tons* formant un *ton* ne sont pas égaux; l'un est un peu plus grand que l'autre.

Le plus petit se nomme **demi-ton diatonique**.

Le plus grand se nomme **demi-ton chromatique**.

Le **demi-ton diatonique** est celui qui se place entre deux notes *de noms différents* (soit d'un degré à un autre.)

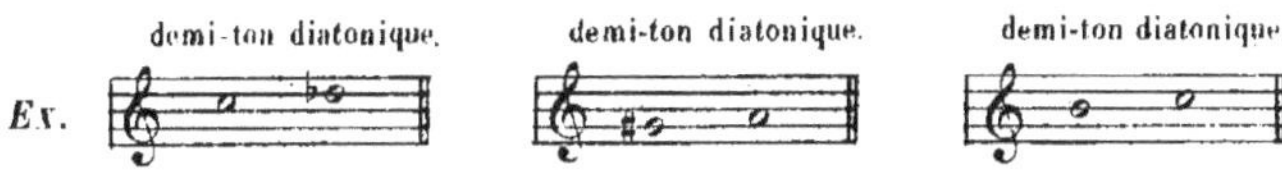

Le **demi-ton chromatique** est celui qui se place entre deux notes *de même nom, mais dont l'une est altérée.* (soit d'un degré au même degré altéré.)

72. On voit, par ce qui précède, qu'*un ton* contient toujours *deux demi-tons de natures différentes.* L'un est *diatonique*, l'autre est *chromatique*.

Si l'on passe de l'*ut* au *ré* en élevant la note inférieure par le dièse, le demi-ton chromatique se présente le premier, et le demi-ton diatonique, le second.

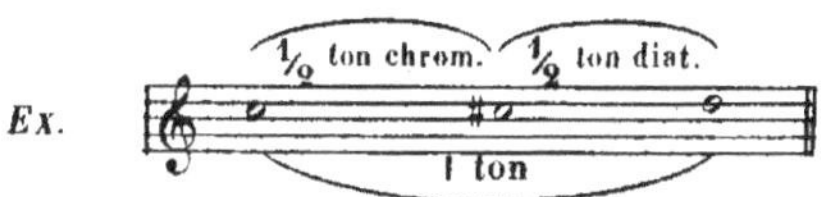

Si l'on passe de l'*ut* au *ré* en abaissant la note supérieure par le bémol, le contraire a lieu; c'est alors le demi-ton diatonique qui se présente le premier, et le demi-ton chromatique, le second.

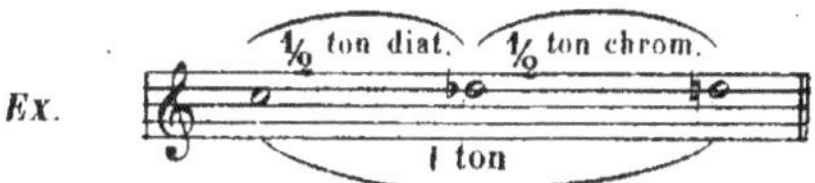

73. REMARQUE.— Le ton se divise en **9** parties égales: chacune de ces parties se nomme **Comma**. C'est la plus petite différence entre deux sons appréciable à l'oreille [1]

Le demi-ton diatonique, qui est le plus petit, vaut **4** commas, c'est-à-dire les $\frac{4}{9}$ d'un ton.

Le demi-ton chromatique, qui est le plus grand, vaut **5** commas, c'est-à-dire les $\frac{5}{9}$ d'un ton.

---

[1] Quelques-uns prétendent que le ton se divise en 5 commas; selon les lois de l'acoustique il y a plusieurs espèces de commas, etc; mais ces faits ainsi que les considérations auxquelles ils entraînent, n'ont aucune importance au point de vue pratique de la musique.

La distance d'un comma se trouve donc entre le son dièse et le son bémol qui divisent un ton. Le son dièse est plus aigu d'un comma que le son bémol.

EXEMPLE.

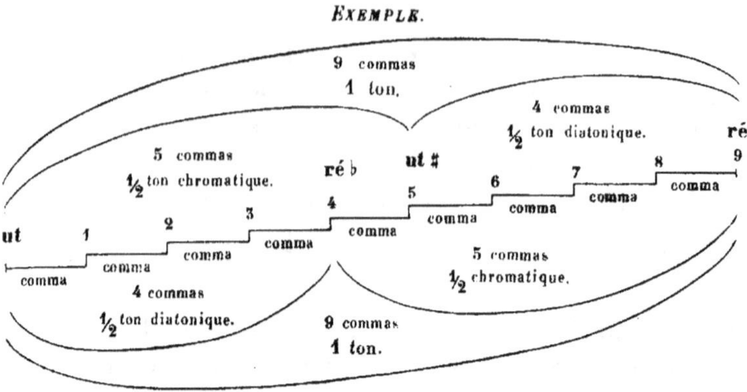

74. Dans cet exemple, la ligne brisée représente la distance qui sépare *ut* de *ré.*

Chacun des neuf échelons de cette ligne brisée représente un comma.

Par conséquent, on voit:

1° Que d'*ut* à *ut dièse*, demi-ton chromatique, il y a cinq commas, et que d'*ut dièse* à *ré*, demi-ton diatonique, il y a quatre commas.

2° Que d'*ut* à *ré bémol*, demi-ton diatonique, il y a quatre commas, et de *ré bémol* à *ré*, demi-ton chromatique, il y a cinq commas.

3° Que de *ré bémol* à *ut dièse*, il y a un comma.

75. Dans les instruments où l'on forme la note, comme le violon, le violoncelle, etc, l'exécutant entraîné par le sentiment mélodique, se soumet involontairement à cette différence.

Dans les instruments à sons fixes, comme le piano ou l'orgue, on a adopté l'accord tempéré ou tempérament. Les deux demi-tons étant rapprochés l'un de l'autre partagent le ton en deux parties égales, donnent le même son et s'exécutent avec la même touche.

Le tempérament favorise l'enharmonie dont nous allons parler dans le chapitre suivant.

EXERCICES.

1° Ecrivez la note dièsée et la note bémolisée qui forment le demi-ton entre les notes suivantes.

2° Indiquez de quelle espèce sont les demi-tons qui se trouvent entre les notes voisines tracées ci-dessous.

DE L'ENHARMONIE.

3ᵉ Leçon.

76. L'**enharmonie** est le rapport, l'espèce de synonymie qui existe entre deux notes de noms différents, mais affectées toutes deux au même son: (1) «*ut* ♯ et *ré* ♭, *mi* et *fa* ♭», forment donc une **enharmonie**.

Ex. 

Les notes formant l'**enharmonie** se nomment **notes enharmoniques;** «*ut* ♯ et *ré* ♭» sont par conséquent *enharmoniques* l'une de l'autre: *ut* ♯ étant *note enharmonique* de *ré* ♭, et *ré* ♭ étant *note enharmonique* d'*ut* ♯.

EXERCICE.

Ecrivez, à côté de chacune des notes tracées ci-dessous, la note formant enharmonie avec elle.

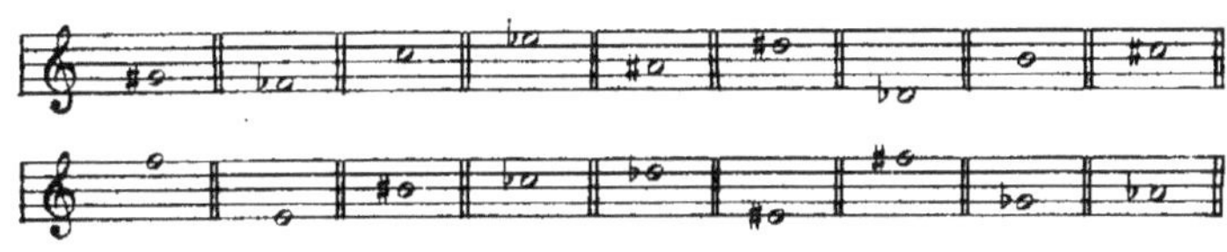

DES INTERVALLES.

4ᵉ Leçon.

77. On nomme **intervalle** la distance qui sépare deux sons.

On mesure un intervalle par le nombre de degrés qu'il contient, y compris le son grave et le son aigu. Le nombre de degrés est exprimé par le nom de l'intervalle.

78. L'intervalle est **ascendant** ou **descendant**.

Il est **ascendant** lorsqu'on le mesure du grave à l'aigu. (Lorsque la première note nommée est le son grave.)

Ex. 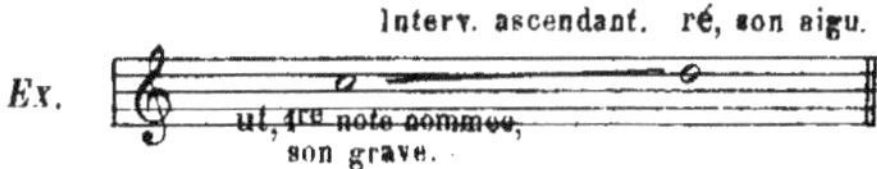

Il est **descendant** lorsqu'on le mesure de l'aigu au grave. (Lorsque la première note nommée est le son aigu.)

Ex. 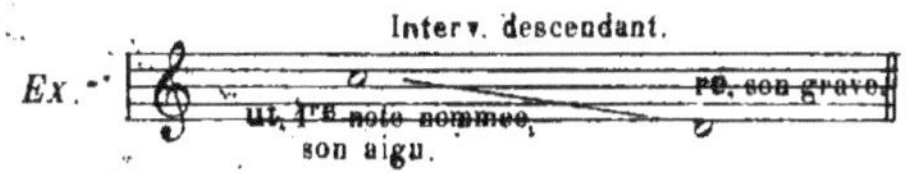

Un intervalle doit toujours être considéré comme **ascendant** à moins que le contraire ne soit spécifié.

(¹) Par suite du tempérament dont il a été parlé dans la leçon précédente.

79. On nomme **unisson** le même son produit par plusieurs voix ou instruments; par conséquent, l'unisson n'est pas un intervalle. (¹)

80. NOMS DES INTERVALLES.

L'intervalle contenant 2 *degrés*
se nomme
seconde.

L'intervalle contenant 3 *degrés*
se nomme
tierce.

L'intervalle contenant 4 *degrés*
se nomme
quarte.

L'intervalle contenant 5 *degrés*
se nomme
quinte.

L'intervalle contenant 6 *degrés*
se nomme
sixte.

L'intervalle contenant 7 *degrés*
se nomme
septième.

L'intervalle contenant 8 *degrés*
se nomme
octave.

L'intervalle contenant 9 *degrés*
se nomme
neuvième.

L'intervalle contenant 10 *degrés*
se nomme
dixième.

etc.

81. Si l'intervalle était descendant, au lieu de compter le nombre des degrés contenus dans cet intervalle en partant du son grave, il faudrait, au contraire, compter les degrés en partant du son aigu.

Ex.   Intervalle descendant
de
sixte.

____

(¹) D'un son au même son il n'y a pas d'intervalle; de même qu'en géométrie, d'un point au même point il n'y a aucune distance.

1" Reproduisez le tableau du nom des intervalles, en prenant comme point de départ la note *ré* pour la première colonne, et la note *la* pour la seconde colonne.

2° Indiquez l'intervalle qui sépare les deux notes jointes, dans l'exercice ci-dessous, par une ligne courbe.

(Suite des intervalles.)

DES INTERVALLES SIMPLES ET REDOUBLÉS. (¹)

5ᵉ Leçon.

82. On nomme **intervalle simple** tout intervalle n'excédant pas l'étendue d'une octave; par conséquent

La seconde
La tierce
La quarte
La quinte   } sont des **intervalles simples.**
La sixte
La septième
Et l'octave

83. On nomme **intervalle redoublé** tout intervalle excédant l'étendue d'une octave; par conséquent

La neuvième
La dixième   } sont des **intervalles redoublés.**
La onzième etc.

Un intervalle peut être redoublé à une ou à plusieurs octaves de l'intervalle simple.

(¹) Au lieu de *redoublé* on dit quelquefois *composé* mais nous n'avons pas employé ce dernier terme, qui ne nous semble pas rendre suffisamment l'idée qu'il doit exprimer.

84. Pour trouver l'intervalle simple d'un intervalle redoublé, il faut retrancher 7 du nombre de degrés contenus dans cet intervalle, autant de fois que cela est nécessaire pour que le reste ne soit pas supérieur au nombre 8. Ce reste exprime l'intervalle simple.

EXEMPLE.

Pour trouver l'intervalle simple de la 16ᵉ, retranchez deux fois 7, c'est-à-dire 14, le reste est 2. La 16ᵉ est donc une *seconde* redoublée à deux octaves.

85. Pour trouver le redoublement d'un intervalle simple, il faut, au nombre de degrés contenus dans cet intervalle, ajouter autant de fois 7 qu'on veut opérer de redoublement.

EXEMPLE.

Pour redoubler la *tierce* à une octave, ajoutez 7 à 3, ce qui donne une *dixième*.

Pour redoubler la *tierce* à deux octaves, ajoutez deux fois 7, c'est-à-dire 14, à 3, ce qui donne une *dix-septième*.

EXERCICES.

1° Indiquez les intervalles simples des intervalles redoublés suivants.

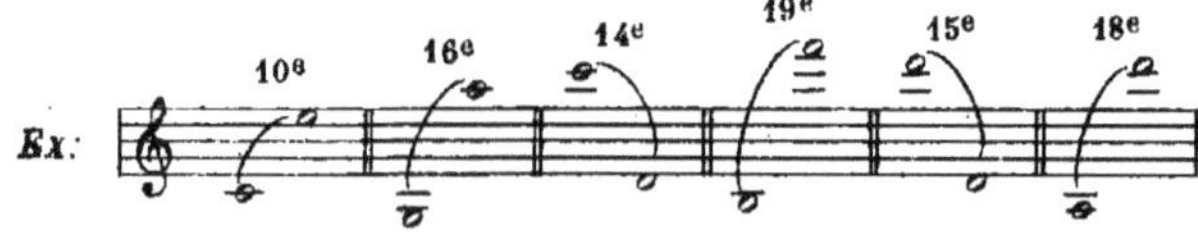

2° Indiquez les intervalles redoublés à une, deux et trois octaves de chacun des intervalles simples suivants.

DES QUALIFICATIONS DES INTERVALLES.

6ᵉ Leçon.

86. Les intervalles contenant le même nombre de degrés ne sont pas toujours égaux entre eux; ainsi, d'*ut* à *mi*, il y a une *tierce*, mais d'*ut dièse* à *mi* ou d'*ut dièse* à *mi bémol*, il y a également une *tierce*, puisque ces intervalles contiennent toujours trois degrés.

Cependant ces *tierces* ne sont pas égales, puisque d'*ut* à *mi*, il y a deux tons, d'*ut dièse* à *mi*, un ton et un demi-ton diatonique, et d'*ut dièse* à *mi bémol*, deux demi-tons diatoniques.

Il y a donc plusieurs espèces de *secondes*, de *tierces*, de *quartes*, etc.

87. Pour distinguer ces différentes espèces, il y a plusieurs *qualifications* qui sont:

mineur — majeur — juste — diminué et augmenté.

(Il y a encore les qualifications de **sous-diminué**, et de **sur-augmenté**, mais ces sortes d'intervalles sont employés très rarement.)

Voici le tableau des qualifications appartenant à chaque intervalle.

La **seconde**	peut être	....	*mineure*	*majeure*	....	*augmentée.*
La **tierce**	—	*diminuée*	*mineure*	*majeure*	....	*augmentée.*
La **quarte**	—	*diminuée*	....	....	*juste*	*augmentée.*
La **quinte**	—	*diminuée*	....	....	*juste*	*augmentée.*
La **sixte**	—	*diminuée*	*mineure*	*majeure*	....	*augmentée.*
La **septième**	—	*diminuée*	*mineure*	*majeure*	....	....
L'**octave**	—	*diminuée*	....	....	*juste*	*augmentée.*

Un intervalle redoublé porte toujours les mêmes *qualifications* que l'intervalle simple dont il émane.

REMARQUES 1º Les intervalles qui peuvent porter les qualifications de *mineur* et de *majeur*, ne peuvent porter celle de *juste* et *vice versa*.

2º **La seconde** est le seul intervalle qui ne puisse être *diminué*, et la **septième** est le seul qui ne puisse être *augmenté*.

3º L'intervalle *diminué* est toujours plus petit que le même intervalle *mineur* ou *juste*.

4º L'intervalle *augmenté* est toujours plus grand que le même intervalle *majeur* ou *juste*. (Vérifiez ces remarques sur le tableau précédent.)

On voit par ce qui précède qu'un intervalle tire *son nom* du nombre de degrés qu'il contient, et *sa qualification* du nombre de tons et de demi-tons qui séparent ces degrés.

EXERCICE.

Reproduisez le tableau des qualifications appartenant à chaque intervalle.

(Suite des intervalles.)

DE LA COMPOSITION DES INTERVALLES.

7e Leçon.

88. Nous allons donner le tableau de la composition des intervalles, (en tons et demi-tons) puis nous donnerons une mnémonique pour le retenir facilement.

TABLEAU DE LA COMPOSITION DES INTERVALLES.[1]

secondes.	La seconde diminuée n'est autre que l'enharmonie. (§ 76) Cette seconde est inadmissible comme intervalle supérieur, puisqu'il y aurait croisement des 2 sons.	*mineure.* 1 demi-ton diatonique.	*majeure.* 1 ton.	*augmentée.* 1 ton et 1 demi-ton chromatique.
tierces.	*diminuée.* 2 demi-tons diatoniques.	*mineure.* 1 ton et 1 demi-ton diatonique.	*majeure.* 2 tons.	*augmentée.* 2 tons et 1 demi-ton chromatique.
quartes.	*diminuée.* 1 ton et 2 demi-tons diatoniques.	*juste.* 2 tons et 1 demi-ton diatonique.		*augmentée.* 2 tons, 1 demi-ton diatonique et 1 demi-ton chromatique ou 3 tons. [2] Elle se nomme alors **triton.**
quintes.	*diminuée.* 2 tons et 2 demi-tons diatoniques.	*juste.* 3 tons et 1 demi-ton diatonique.		*augmentée.* 3 tons, 1 demi-ton diatonique et 1 demi-ton chromatique ou 4 tons.[2]
sixtes.	*diminuée.* 2 tons et 3 demi-tons diatoniques.	*mineure.* 3 tons et 2 demi-tons diatoniques.	*majeure.* 4 tons et 1 demi-ton diatonique.	*augmentée.* 4 tons, 1 demi-ton diatonique et 1 demi-ton chromatique.
septièmes.	*diminuée.* 3 tons et 3 demi-tons diatoniques.	*mineure.* 4 tons et 2 demi-tons diatoniques.	*majeure.* 5 tons et 1 demi-ton diatonique.	La septième augmentée pourrait s'expliquer théoriquement, mais elle est absolument inusitée dans la pratique.
octaves.	*diminuée.* 4 tons et 3 demi-tons diatoniques.	*juste.* 5 tons et 2 demi-tons diatoniques.		*augmentée.* 5 tons, 2 demi-tons diatoniques et 1 demi-ton chromatique.

[1] Quelques théoriciens d'une grande autorité appliquent à la 4te et à la 5te les qualifications de *mineur* et de *majeur* à l'exclusion de celle de *juste*. Les considérations sur lesquelles ils s'appuient sont des plus sérieuses, néanmoins nous, nous sommes conformés à l'usage adopté au conservatoire.

Au point de vue pratique, cela n'a pas d'importance; cependant, il est bon de savoir à quelles quartes et à quelles quintes s'appliquent les qualifications de *mineur* et de *majeur*.

La quarte mineure est notre quarte juste.	La quarte majeure est notre quarte augmentée.	La quinte mineure est notre quinte diminuée.	La quinte majeure est notre quinte juste.

Voir la note (g) à la fin du volume.

[2] Le total est le même. La différence d'énonciation est motivée par les degrés intermédiaires qui séparent les deux notes de l'intervalle. Ainsi, pour la *quarte augmentée* qui se place dans la gamme mineure, du 4e dogré au 7e, on énoncera sa composition par 2 tons 1 demi-ton diat. et 1 demi-ton chrom. si la sixte de la gamme est mineure; au contraire, si la sixte de la gamme est majeure, on dira 3 tons (Voyez pour la gamme mineure la 3e partie, 8e et 9e Leçons.)

MNÉMONIQUE

pour retenir facilement la composition des intervalles.

A — RÈGLES CONCERNANT LES INTERVALLES

MINEURS, MAJEURS ET JUSTES.

89. 1° Les *tons* et les *demi-tons* contenus dans un intervalle mineur, majeur ou juste, étant additionnés ensemble, *doivent former un total inférieur de 1, au chiffre représentant l'intervalle.*

2° Les intervalles majeurs ou justes ont 1 *demi-ton diatonique.*

3° Les intervalles mineurs ont 2 *demi-tons diatoniques.*

EXCEPTIONS. — La 2de et la 3^{ce} majeures n'ont pas de demi-ton.

La 2de et la 3^{ce} mineures n'ont qu'un demi-ton.

L'octave juste a deux demi-tons.

EXEMPLE.

Pour trouver la composition de la quinte juste, nous savons:

1° Que le nombre de tons et de demi-tons doit être inférieur de 1 au chiffre 5 représentant la quinte; ce nombre est donc 4.

2° Que l'intervalle juste a 1 demi-ton diatonique.

Or, si 4 est le total des tons et demi-tons, si l'intervalle juste a 1 demi-ton, la quinte juste contient donc:

3 tons

et 1 demi-ton diatonique.

Total 4, nombre inférieur de 1 au chiffre 5 représentant la quinte.

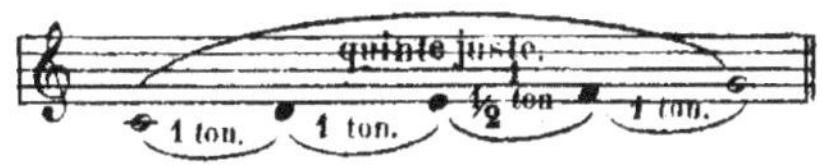

B_ RÈGLE UNIQUE ET SANS EXCEPTION
CONCERNANT LES INTERVALLES AUGMENTÉS.

90. Un intervalle *augmenté* est toujours *plus grand d'un demi-ton chromatique* que le même intervalle *majeur* ou *juste*.

EXEMPLE.

Pour trouver la composition de la quinte augmentée, nous savons qu'il faut a-jouter un demi-ton chromatique à la composition de la quinte juste. Or, la quinte juste contenant 3 tons et 1 demi-ton diatonique, la quinte augmentée contiendra 3 tons, 1 demi-ton diatonique et 1 demi-ton chromatique. [1]

Un intervalle *sur-augmenté* a toujours 1 demi-ton chromatique *de plus* que le même intervalle augmenté.

C_ RÈGLE UNIQUE ET SANS EXCEPTION
CONCERNANT LES INTERVALLES DIMINUÉS.

91. Un intervalle *diminué* est toujours *plus petit d'un demi-ton chromatique* que le même intervalle *mineur* ou *juste*.

EXEMPLE

Pour trouver la composition de la quinte diminuée, nous savons qu'il faut re-trancher un demi-ton chromatique à la composition de la quinte juste. Or, la quinte juste contenant 3 tons et 1 demi-ton diatonique, la quinte diminuée contiendra 2 tons et 2 demi-tons diatoniques. [2]

Un intervalle *sous-diminué* a toujours 1 demi-ton chromatique *de moins* que le même intervalle diminué.

---

[1] Remarquez que le demi-ton chromatique ne s'énonce séparément que dans les intervalles augmentés.

[2] Rappelez-vous qu'un ton est composé d'un demi-ton diatonique et d'un demi-ton chromatique. Or, si l'on retranche de ce ton, le demi-ton chromatique, il ne reste plus que le demi-ton diatonique.

Cela donnera comme résultat, pour un intervalle diminué, 1 ton de moins et 1 demi-ton diatonique de plus que pour le même intervalle juste ou majeur

Pour la composition des intervalles redoublés, voir la note (*h*) à la fin du volume.

EXERCICE.

Cherchez la composition de chaque intervalle du tableau, au moyen de la mnémonique et en opérant comme dans les exemples précédents.

SUITE DE LA MÊME LEÇON.

·92. Il est indispensable de connaître l'intervalle et la nature de l'intervalle qui se trouve entre deux notes quelconques, altérées ou non altérées.

Cette connaissance s'acquiert facilement par la pratique, mais au commencement elle offre quelques difficultés que nous allons essayer d'aplanir.

MOYEN DE RECONNAÎTRE L'INTERVALLE
QUI SE TROUVE ENTRE DEUX NOTES.

93. Si aucune des deux notes n'est altérée, il suffit de se rappeler que dans la gamme il n'y a que deux demi-tons diatoniques, l'un de *mi* à *fa*, l'autre de *si* à *ut*. Or, il est facile de voir si, entre les deux notes formant l'intervalle à trouver, on rencontre, soit ces deux demi-tons, soit l'un des deux seulement, ou enfin si on ne les rencontre pas.

Connaissant le nombre des demi-tons, on retrouve la nature de l'intervalle en se reportant au tableau précédent. (§ 88)

EXEMPLE.

D— Quel intervalle y a-t-il d'*ut* à *si*?

1° Il y a 7 degrés, c'est donc une *septième*.

2° Entre ces degrés, il n'y a que le demi-ton *mi-fa*; c'est donc une *septième majeure*. (Vérifiez au tableau. § 88)

94. Si les deux notes, ou seulement l'une des deux était altérée, il faudrait supprimer mentalement les altérations et chercher la nature de l'intervalle, comme dans le paragraphe précédent; puis, replaçant ces altérations, tenir compte de leur effet sur l'intervalle inaltéré qui est connu. Ainsi:

38

1° On agrandit d'un *demi-ton chromatique* un intervalle inaltéré, en élevant sa note aigüe par un accident ascendant ou en abaissant sa note grave par un accident descendant. Il prend alors la qualification immédiatement supérieure, c'est-à-dire, *majeur* au lieu de *mineur*, *augmenté* au lieu de *juste* ou de *majeur*.

L'intervalle serait agrandi de 2 *demi-tons chromatiques* si la note aigüe était élevée en même temps que la note grave, abaissée.

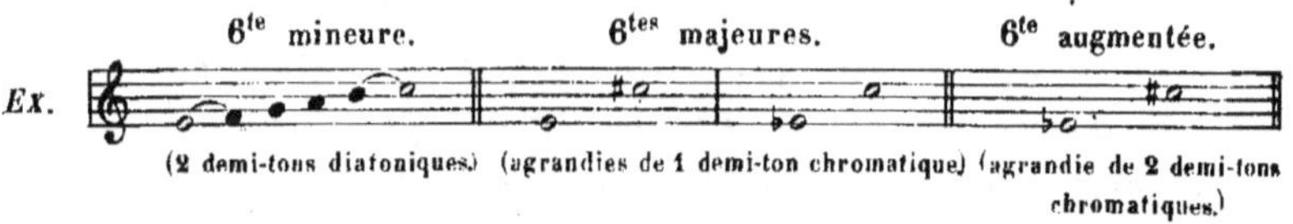

2° On rend plus petit d'un *demi-ton chromatique* un intervalle inaltéré, en abaissant sa note aigüe par un accident descendant, ou en élevant sa note grave par un accident ascendant. Il prend alors la qualification immédiatement inférieure, c'est-à-dire, *mineur* au lieu de *majeur*, *diminué* au lieu de *juste* ou de *mineur*.

L'intervalle serait rendu plus petit de 2 *demi-tons chromatiques* si la note aigüe était abaissée en même temps que la note grave élevée.

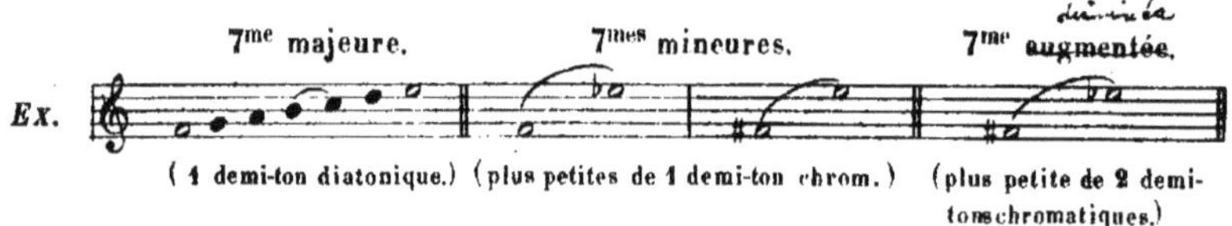

3° Si la note grave et la note aigüe étaient toutes deux altérées par des accidents de même espèce, la distance entre ces deux notes serait la même et l'intervalle conserverait la même qualification.

95. On reconnaît par le même moyen quelle est la note qui, sur une autre note, produit un intervalle donné.

EXEMPLE.

D — Quelle est la tierce majeure de «si»?

La tierce de *si* est *ré*

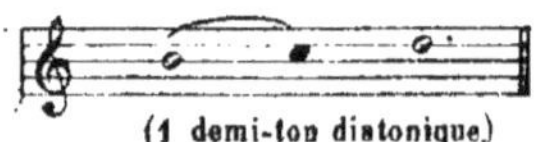

Mais cette tierce est mineure puisqu'elle contient un demi-ton, (vérifiez §.88)
Pour la transformer en tierce majeure, il faut élever par un dièse le *ré*, note, supérieure.

La tierce majeure de *si* est donc *ré dièse*.

REMARQUE.—Tous les intervalles ne se rencontrent pas dans la gamme diatonique. On verra (3ᵉ partie, 10ᵉ leçon. § 148.) le tableau complet des intervalles qui se trouvent dans la gamme majeure et dans la gamme mineure.

EXERCICES.

1° Désignez les intervalles qui se trouvent entre les notes ci-dessous.

2° Désignez les notes qui forment les intervalles indiqués au-dessus des notes suivantes.

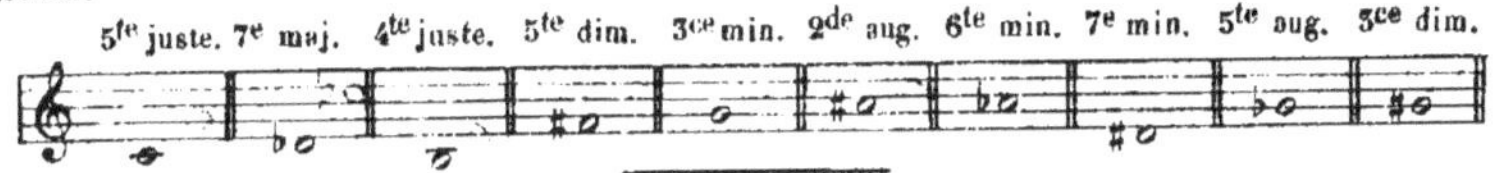

DU RENVERSEMENT DES INTERVALLES.

8ᵉ Leçon.

96. Renverser un intervalle, c'est intervertir la position respective des deux sons qui le forment, de façon à ce que le son grave de l'intervalle à renverser devienne le son aigu du renversement.

97. On opère le renversement d'un intervalle:
Soit en transposant le son grave de cet intervalle à l'octave supérieure;

Soit en transposant le son aigu de cet intervalle à l'octave inférieure.

98. Les *intervalles simples* peuvent seuls être renversés. *Les intervalles redoublés* ne peuvent l'être, car la note grave de l'intervalle à renverser, transposée à l'octave supérieure, resterait note grave du renversement, et de même, la note aigüe, transposée à l'octave inférieure, resterait note aigüe.

99. Dans le renversement, les intervalles se transforment de la manière suivante:

L'unisson se renverse, bien que n'étant pas un intervalle. En élevant ou en abaissant l'un de ses deux sons, on obtient l'octave.

100. Par le renversement:

Les intervalles	diminués	deviennent	augmentés.
—	mineurs	—	majeurs.
—	majeurs	—	mineurs.
—	augmentés	—	diminués.
Seuls les intervalles	justes	restent	justes.

TABLEAU DES INTERVALLES RENVERSÉS.

MNÉMONIQUE

pour trouver facilement le renversement des intervalles.

101. Le chiffre représentant l'intervalle à renverser et le chiffre représentant le renversement, *additionnés ensemble, doivent former comme total le nombre 9.*

EXEMPLE.

	unisson.							
Intervalles.	1	2^{de}	3^{ce}	4te	5te	6te	7me	8^{ve}
Renversements.	8^{ve}	7me	6te	5te	4te	3^{ce}	2^{de}	unisson. 1
Totaux.	9	9	9	9	9	9	9	9

EXERCICES.

1° Reproduisez le tableau des intervalles renversés, en prenant pour point de départ *ré* au lieu d'*ut*.

2° Tracez sur une portée supérieure les notes formant le renversement des intervalles ci-dessous; indiquez le nom et la qualification de chaque renversement.

DES INTERVALLES CONSONNANTS ET DISSONANTS.

9ᵉ Leçon.

102. Deux notes entendues simultanément forment un **intervalle harmonique.**

103. Les *intervalles harmoniques* se divisent en **intervalles consonnants** ou **consonnances** et en **intervalles dissonants** ou **dissonances.**

Seuls, les *intervalles consonnants* se subdivisent en plusieurs espèces.

TABLEAU DES INTERVALLES CONSONNANTS
ET DE LEURS SUBDIVISIONS. [1]

consonnances parfaites.	{ *octave juste.* *quinte juste.*
consonnances imparfaites.	{ *tierce mineure.* *tierce majeure.* *sixte mineure.* *sixte majeure.*
consonnance mixte.	{ *quarte juste.*
consonnances attractives.	{ *quarte augmentée.* *quinte diminuée.* [2]

Tous les autres intervalles sont *dissonants.*

EXERCICE.

Ecrivez au-dessus de chacun des intervalles tracés ci-dessous, s'il est consonnant ou dissonant; indiquez à côté de chaque consonnance, à quelle espèce elle appartient.

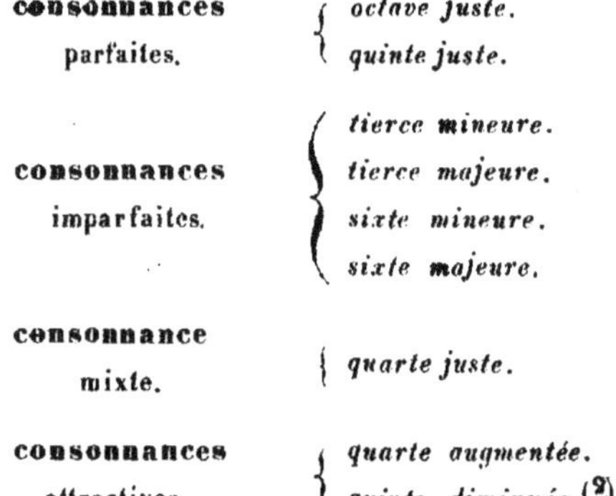

FIN DE LA DEUXIÈME PARTIE.

---

[1] Cette classification appartient à Monsieur François Bazin, (voir son cours d'harmonie 1ᵉ Leçon, page 3.)

[2] Nous nous bornons à énoncer un fait. Entrer dans des développements à ce sujet, serait empiéter sur le domaine de l'harmonie et dépasser les limites que nous nous sommes tracées.

TROISIÈME PARTIE.

LA TONALITÉ.

104. La **tonalité** est l'ensemble des lois qui régissent la constitution des gammes.

Prise dans un sens plus restreint, la *tonalité* ou le *ton* exprime *l'ensemble des sons* formant une gamme diatonique.

105. Le **ton** et la **gamme** expriment tous deux le même ensemble de sons; seulement, dans la gamme ces sons doivent se succéder par *mouvement conjoint*, et dans le ton, les mêmes sons peuvent se succéder par *mouvement conjoint* ou *disjoint*.

EXEMPLE.

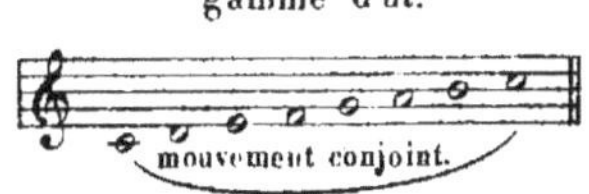

DE LA GÉNÉRATION DE LA GAMME DIATONIQUE.

1ʳᵉ Leçon.

106. Nous allons étudier les lois de la tonalité, et, par suite, apprendre à former des gammes dont chaque son de l'échelle musicale pourrait être le point de départ.

Examinons de nouveau la gamme diatonique que nous connaissons.

Les huit notes qui forment cette gamme sont disposées ainsi: *deux tons consécutifs, un demi-ton, trois tons consécutifs et un demi-ton.*

Cette disposition n'est point l'effet du hasard ou de la fantaisie; mais le résultat de la résonnance naturelle des corps sonores. (¹)

(¹) Voir la note (i) à la fin du volume.

107. Un corps sonore mis en vibration, fait entendre un son principal (son générateur qui sera la première note de la gamme) et deux autres sons secondaires nommés sons harmoniques ou concomitants.

L'un de ces deux sons est à une 12me au-dessus du son générateur, et l'autre à une 17me

Ex.

Ces deux intervalles redoublés (12me et 17me) réduits en intervalles simples, deviennent 3^{ce} majeure et 5te juste du son générateur.   Ces trois sons entendus simultanément, constituent *l'accord parfait majeur.* [1]

accord parfait majeur.

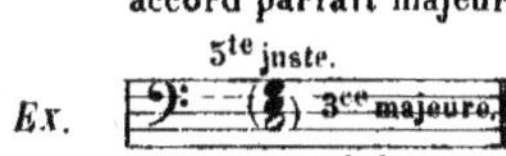

Ex.

Cet accord, base de la gamme, ne suffit pas pour la former entièrement. Pour la compléter, il faut, à ce premier accord *ut-mi-sol,* adjoindre de nouveaux accords.

Ces nouveaux accords se rattacheront au premier, et pour cela, ils doivent:

1° Ainsi que lui, être engendrés par la résonnance du corps sonore.

2° Contenir une note appartenant déjà au groupe principal auquel elle les unit par ce lien commun.

3° Ne contenir aucune note en rapport chromatique avec une des trois notes de ce premier accord. (La gamme diatonique ne pouvant contenir deux notes en rapport chromatique.)

Les *seuls accords* remplissant ces *trois conditions* sont les deux suivants dont nous indiquons la génération. [2]

En faisant du *sol,* quinte juste (ascendante) de l'*ut,* un nouveau son générateur,   nous obtiendrons le nouvel accord parfait majeur qui suit:

accord parfait majeur.

Ex.

---

[1] Plusieurs sons entendus simultanément forment un accord. — *L'accord parfait majeur* se compose d'une 3^{ce} majeure et d'une 5te juste formées sur une note de basse, nommée *note fondamentale.*

[2] Il serait impossible de trouver d'autres accords parfaits majeurs contenant l'une des notes de l'accord parfait majeur principal, c'est-à-dire *ut-mi-sol,* sans qu'ils contiennent en même temps une de ces notes altérée et ne pouvant par conséquent faire partie de la même gamme.

Ex. *Mi,* considéré comme son générateur, produirait comme *tierce majeure* un *sol* ♯ qui serait en rapport chrom. avec le *sol* de l'accord *ut-mi-sol.*

Sol, considéré comme tierce d'un accord parfait majeur, aurait, comme *son générateur* *mi* ♭ qui serait en rapport chromatique avec le *mi* de l'accord *ut-mi-sol.*

En faisant de l'*ut*, son générateur principal, la quinte juste d'un nouveau son générateur qui est *Fa*, nous obtiendrons le nouvel accord parfait majeur qui suit:

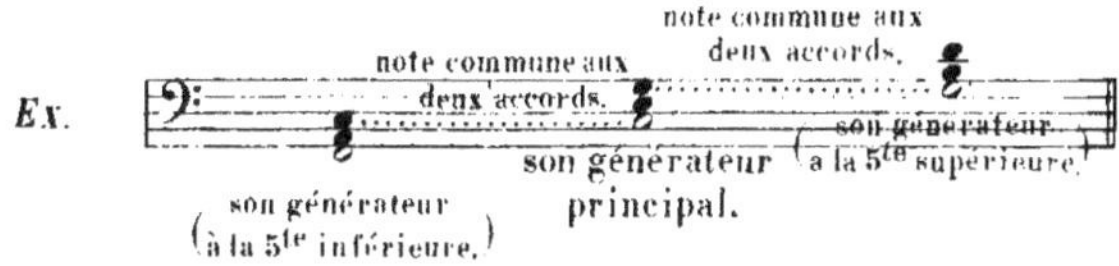

On voit donc que:

La gamme est engendrée par les trois accords parfaits majeurs suivants:

En écrivant par mouvement conjoint les sons fournis par ces trois accords, et en commençant par la note *ut*, (ainsi qu'il a été dit au commencement de ce paragraphe,) nous obtenons la gamme diatonique dont nous avons parlé.

Ex.

Les notes formant une *gamme diatonique* se nomment **notes diatoniques.**

108. Cette gamme est engendrée par les trois sons générateurs *Fa-Ut-Sol.*

Ces trois sons générateurs sont nommés, pour cette raison, **notes tonales,** et occupent les 1er, 4me et 5me degrés de la gamme.

EXERCICE.

Prenant tour-à-tour chacune des notes de la gamme diatonique qui précède, indiquez le rang qu'elle occupe dans l'accord parfait majeur dont elle fait partie.

Si cette note est un son générateur, indiquez-le.

Si cette note est un son harmonique, désignez le son générateur dont elle émane.

Si cette note fait partie de deux accords parfaits majeurs, décrivez-la sous ces deux aspects.

DU NOM DES DEGRÉS DE LA GAMME.

2e Leçon.

109. Chaque son peut être le point de départ, la première note d'une autre gamme, ainsi que nous le verrons plus tard.

Pour éviter toute confusion, chaque degré, quel que soit le nom de la note qui le représente, a reçu un nom particulier qui caractérise la position qu'il occupe dans la gamme, et la fonction qu'il y remplit.

DU NOM DES DEGRÉS DE LA GAMME.

110.

Le	1er	degré se nomme	tonique.
Le	2me	—	sus-tonique.
Le	3me	—	médiante.
Le	4me	—	sous-dominante.
Le	5me	—	dominante.
Le	6me	—	sus-dominante.
Le	7me	—	note sensible.
Le	8me	—	octave ou tonique.

Le 1er degré, son principal d'une gamme, se nomme **tonique** parce qu'il donne son nom à cette gamme, à la tonalité. Ainsi, *ut* étant la *tonique*, on est dans la *gamme d'ut*, dans le *ton d'ut*; *ré* étant la *tonique*, on est dans la *gamme de ré*, dans le *ton de ré*.

Le 5me degré, qui est le plus important après la tonique, se nomme pour cette raison **dominante.**

Le 3me degré, se nomme **médiante** parce qu'il tient le milieu entre la tonique et la dominante; (joint à ces deux degrés, il complète l'accord parfait, générateur de la gamme.)

Le 7me degré, se nomme **note sensible,** à cause de sa tendance qui le porte vers la tonique dont il n'est séparé que par un demi-ton diatonique, (une 2de mineure.)

Les autres degrés tirent leurs noms de la place qu'ils occupent relativement aux degrés principaux que nous venons de nommer.

EXERCICE.

Ecrivez au-dessus de chaque note de la gamme suivante le nom du degré qu'elle occupe.

DU TÉTRACORDE.

3e **Leçon.**

111. Un **tétracorde** (des deux mots grecs: *tétra* quatre, et *chordè* corde) est une succession de quatre sons conjoints.

112. La gamme étant composée de huit notes, contient deux *tétracordes*.
Le premier, formé des quatre notes graves, se nomme *tétracorde inférieur.*
Le second, formé des quatre notes aigües, se nomme *tétracorde supérieur.*

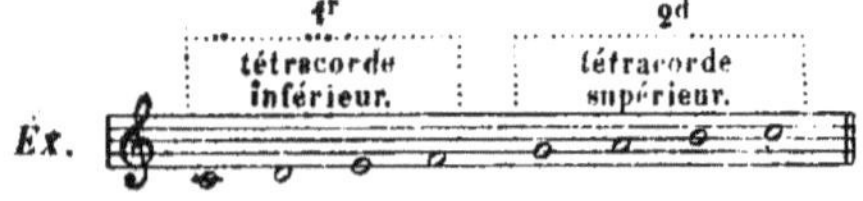

En examinant cet exemple, nous remarquons: (1)

1° Que ces deux *tétracordes* sont exactement semblables dans la disposition des sons qui les composent: tous deux sont formés de *deux tons consécutifs suivis d'un* ½ *ton diatonique.*

---

(1) Vérifiez ces remarques sur l'exemple qui suit.

2° Que la *première note* du tétracorde *inférieur* est la *tonique*.

Que la *première note* du tétracorde *supérieur* est la *dominante*.

3° Que les deux tétracordes sont séparés par une seconde majeure; (c'est-à-dire que *fa*, dernière note du tétracorde inférieur, est à une seconde majeure de *sol*, première note du tétracorde supérieur.)

4° Que les deux notes extrêmes de chaque tétracorde, *ut-fa*, pour le premier, et *sol-ut*, pour le second, sont à un intervalle de *quarte juste*.

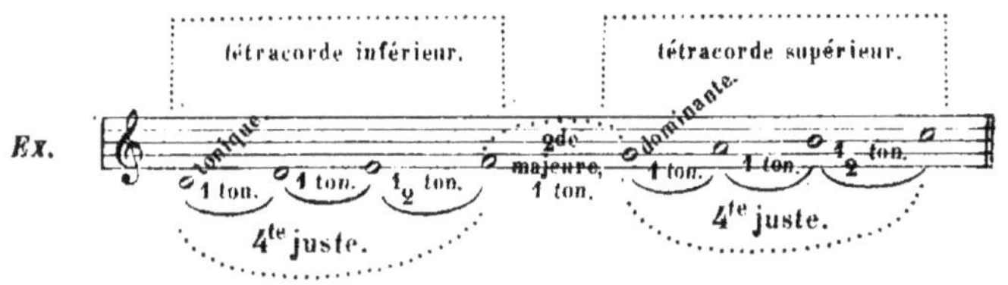

113. Les deux tétracordes de cette gamme étant exactement semblables, il s'ensuit :

1° Que le *tétracorde inférieur* pourrait devenir le *tétracorde supérieur* d'une gamme nouvelle, à laquelle il faudrait, pour la compléter, adjoindre un nouveau tétracorde.

2° Que le *tétracorde supérieur* pourrait devenir le *tétracorde inférieur* d'une gamme nouvelle, à laquelle il faudrait, pour la compléter, adjoindre également un nouveau tétracorde.

EXERCICE.

Indiquez dans la gamme suivante, le tétracorde inférieur et le supérieur, l'intervalle qui les sépare, l'intervalle formé par les notes extrêmes de chacun d'eux. etc; en un mot, reproduisez de mémoire l'exemple précédent.

DE L'ENCHAÎNEMENT DES GAMMES.
(ORDRE DES DIÈSES.)

4ᵉ Leçon.

114. Nous allons maintenant chercher une tonalité nouvelle, en transformant le tétracorde supérieur de la gamme d'*ut*, en tétracorde inférieur d'une autre gamme.

Ce tétracorde, nous le savons déjà, est formé des quatre notes : *sol—la—si—ut*.

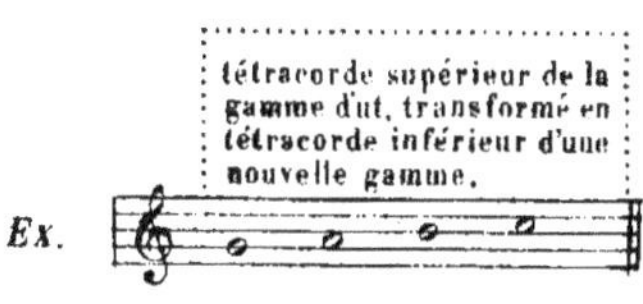

Pour compléter cette nouvelle gamme, il faut ajouter un tétracorde nouveau, formé des quatre degrés ascendants qui suivent immédiatement le tétracorde inférieur, soit, les quatre notes: *RÉ—MI—FA—SOL*.

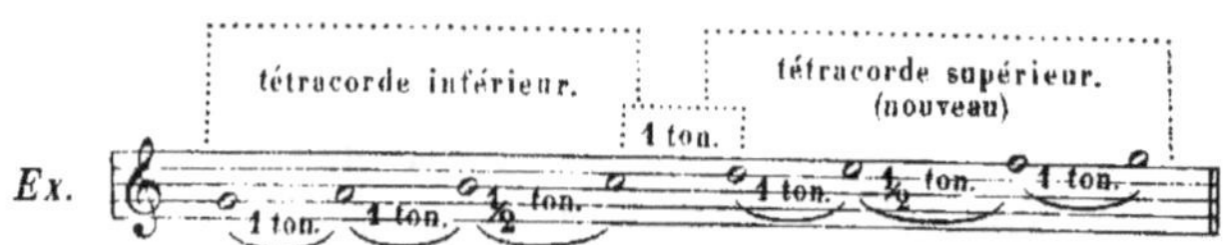

115. Ce nouveau tétracorde ne peut cependant être admis, puisqu'il n'est pas conforme au premier, c'est-à-dire que les notes qui la composent, au lieu de se succéder dans cet ordre,

1 ton__ 1 ton__ 1 demi-ton.

se succèdent ainsi:

1 ton__1 demi-ton__1 ton.

Le *fa* est trop rapproché du *mi*, puisqu'il en est séparé par un demi-ton, et non par un ton.

Le même *fa* est trop éloigné du *sol*, puisqu'il en est séparé par un ton, et non par un demi-ton.

Or, ce *fa* étant trop rapproché de la note inférieure et trop éloigné de la note supérieure, il faut *l'élever d'un demi-ton par le dièse* et lui donner ainsi la position qu'il doit occuper régulièrement dans le tétracorde, pour former une gamme régulière.

116. On voit par ce qui précède, que pour former une gamme nouvelle, il faut trouver un son nouveau.

Dans l'exemple précédant, ce nouveau son est *fa dièse*, note sensible de cette nouvelle gamme.

Sol, qui était *dominante* de la gamme d'*ut*, devient *tonique* de cette nouvelle gamme, qui pour cette raison, se nomme gamme de *sol*.

Ré, cinquième degré, est la *dominante*.

Les notes tonales, (génératrices des sons composant la gamme,) occupant le 1er degré, le 4me et le 5me sont:

Sol, 1er degré; *ut*, 4me degré; et *ré*, 5me degré.

117. Le même fait se reproduira toujours, quand nous transformerons le tétracorde supérieur d'une gamme en tétracorde inférieur d'une autre gamme. Chaque gamme nouvelle contiendra un son nouveau qui sera la 7ᵉ note de la gamme élevée d'un demi-ton chromatique, pour prendre rang de note sensible.

118. Examinez attentivement le tableau suivant:

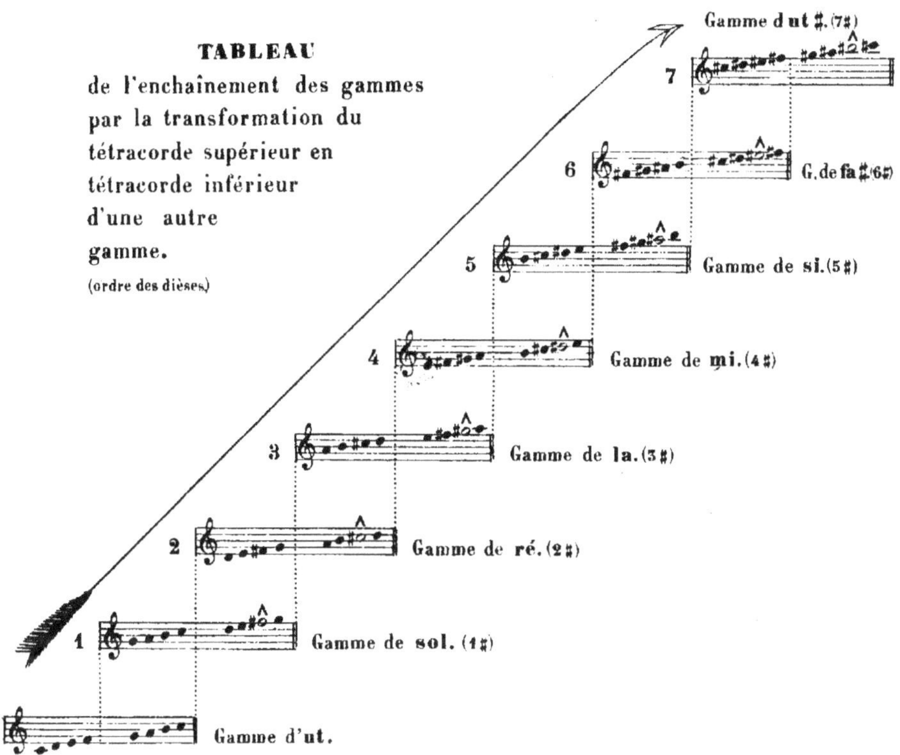

On voit par ce tableau:

1° Que chaque gamme a son tétracorde inférieur commun avec la gamme qui la précède, (qui a un dièse de moins), et son tétracorde supérieur commun avec celle qui la suit, (qui a un dièse de plus.)

2° Que les gammes qui contiennent des notes diésées se succèdent par une progression ascendante de *Quinte* en *Quinte*. (¹)

3° Que chaque nouveau dièse se présente également dans l'ordre ascendant de *Quinte* en *Quinte*. (¹)

(¹) La progression ascendante de Quinte en Quinte entraînant beaucoup au delà des limites de la portée, on écrit cette progression en faisant alterner une *Quinte* ascendante avec une *Quarte* descendante, (la Quarte descendante donnant, à l'octave inférieure, la même note que la Quinte ascendante.)

SUCCESSION DES DIÈSES.

EXERCICE.

Ecrivez à la suite les unes des autres, et dans leur ordre successif, toutes les gammes contenant des notes diésées. Indiquez la tonique et la note sensible de chacune d'elles, ainsi que le nombre et le nom des dièses qui s'y trouvent.

DE L'ARMURE DE LA CLÉ.
(ARMURE EN DIÈSES.)

5ᵉ Leçon.

119. Les dièses qui font partie d'une gamme, (de la tonalité), ne se placent pas devant chacune des notes qu'ils altèrent, car cela surchargerait l'écriture musicale. On les place, dans leur ordre de succession, immédiatement après la clé au commencement de la portée, et sur les mêmes lignes ou dans les mêmes interlignes que les notes qu'ils altèrent.

EXEMPLE.

120. Les dièses, placés ainsi, forment *l'armure de la clé*, (armure en dièses), et leur effet se continue pendant toute la durée du morceau, à moins que l'armure de la clé ne soit modifiée.

121. C'est l'armure de la clé qui indique la tonalité dans laquelle un morceau est écrit.

Ainsi que nous l'avons vu précédemment, le dernier dièse affecte toujours la note sensible, *la tonique est* par conséquent *la note placée un demi-ton diatonique au-dessus.* (¹)

(Il faut se rappeler que la note sensible est toujours un demi-ton diatonique au-dessous de la tonique.)

EXEMPLES. Avec un dièse à la clé, ce dièse étant *Fa* ♯, la tonique est *Sol*, (¹⁄₂ ton diatonique au-dessus de Fa ♯.)

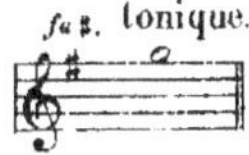

Avec cinq dièses à la clé, le dernier dièse étant *La* ♯, la tonique est *Si*, (¹⁄₂ ton diatonique au-dessus de La ♯.)

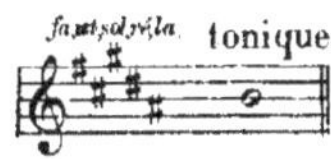

122. Il est également facile de trouver l'armure de la clé d'une tonalité donnée, puisque nous savons que le dernier dièse occupe le degré inférieur à la Tonique.

EXEMPLE. La tonique étant *Mi*, le dernier dièse est *Ré* ♯, (¹⁄₂ ton diatonique au dessous de Mi); or, dans l'ordre de succession des dièses, (parag: 118), le *Ré* ♯ étant le quatrième, il y a quatre dièses dans le ton de *Mi*, ce sont *Fa* ♯, *Ut* ♯, *Sol* ♯ et *Ré* ♯.

EXERCICES.

1" Cherchez la tonalité qu'indique chacune des armures suivantes.

2° Indiquez l'armure de chacune des tonalités suivantes:

ton de Sol. __ ton de Fa dièse.

ton de Si. __ ton d'Ut dièse.

(¹) Il y a une exception, comme on le verra à la 10ᵉ leçon.

DE L'ENCHAÎNEMENT DES GAMMES.
(ORDRE DES BÉMOLS.)

6ᵉ Leçon.

123. Nous avons vu, dans la 4ᵉ leçon, qu'en transformant le tétracorde supérieur de la gamme d'*Ut* en tétracorde inférieur d'une nouvelle gamme, nous trouvions une tonalité nouvelle, contenant un dièse; puis, qu'en procédant de même, prenant tour à tour chaque nouvelle gamme comme point de départ, nous parcourions toutes les tonalités renfermant des dièses.

En faisant l'opération inverse, c'est à dire, *en transformant le tétracorde inférieur de la gamme d'ut, en tétracorde supérieur d'une nouvelle gamme*, nous trouverons encore une tonalité nouvelle, contenant *un bémol*; puis, procédant de même, en prenant tour à tour chaque nouvelle gamme comme point de départ, nous parcourrons successivement toutes les tonalités renfermant des *bémols*.

124. Transformons le tétracorde inférieur de la gamme d'*ut*, en tétracorde supérieur d'une autre gamme.

Ce tétracorde, nous le savons, est formé des quatre notes:

Uᴛ — Rᴇ́ — Mɪ — Fᴀ

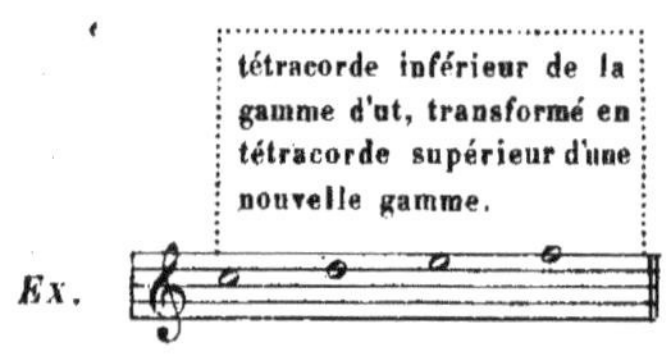

Pour compléter cette nouvelle gamme, il faut ajouter un tétracorde nouveau, formé des quatre degrés descendants qui précédent immédiatement le tétracorde supérieur, soit, les quatre notes:

Fᴀ — Soʟ — Lᴀ — Sɪ

Exᴇᴍᴘʟᴇ.

125. Ce nouveau tétracorde ne peut cependant être admis, puisqu'il n'est pas conforme au second, c'est à dire que les notes qui le composent, au lieu de se succéder dans cet ordre,

se succèdent ainsi :
1 ton — 1 ton — 1 demi-ton.
1 ton — 1 ton — 1 ton.

Le *Si* est trop éloigné du *La*, note inférieure, puisque ces deux notes sont séparées par un ton, et non par un demi-ton.

Le même *Si* est trop rapproché de l'*Ut*, puisque les deux tétracordes doivent être séparés par une seconde majeure, et qu'ils le sont par une seconde mineure.

Enfin, les deux notes extrèmes du tétracorde « *Fa — Si* » au lieu d'être à distance de Quarte juste, sont à distance de Quarte augmentée.

Or, le *Si* étant trop éloigné de la note inférieure et trop rapproché de la note supérieur, il faut *l'abaisser d'un demi-ton chromatique, par le bémol*, et lui donner ainsi la position qu'il doit occuper régulièrement dans le tétracorde, pour former une gamme régulière.

EXEMPLE.

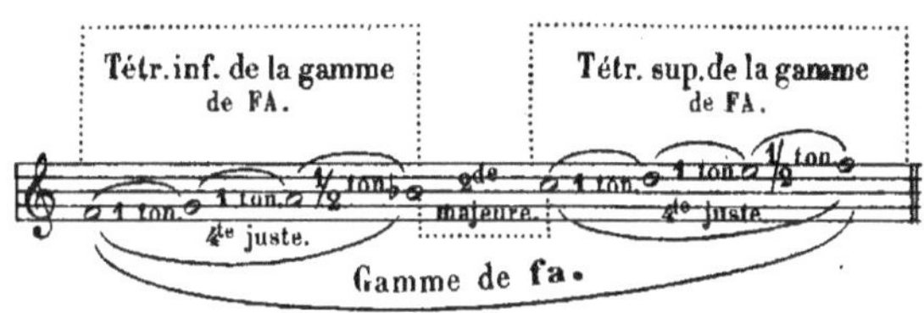

126. Le son nouveau trouvé pour former cette gamme est le *Si* ♭, sous-dominante de cette nouvelle gamme.

Fa, premier degré, est la *Tonique.*

Ut, cinquième degré, est la *Dominante.*

Les notes tonales sont :

Fa, 1ᵉʳ degré ; *Si* ♭, 4ᵉ degré ; et *Ut*, 5ᵉ degré.

127. Le même fait se reproduira toujours, quand nous transformerons le tétracorde inférieur d'une gamme en tétracorde supérieur d'une autre gamme. Chaque gamme nouvelle nous présentera un son nouveau, et ce nouveau son sera le quatrième degré de la gamme nouvelle, abaissé d'un demi-ton chromatique par le bémol.

128. Examinez attentivement le tableau suivant:

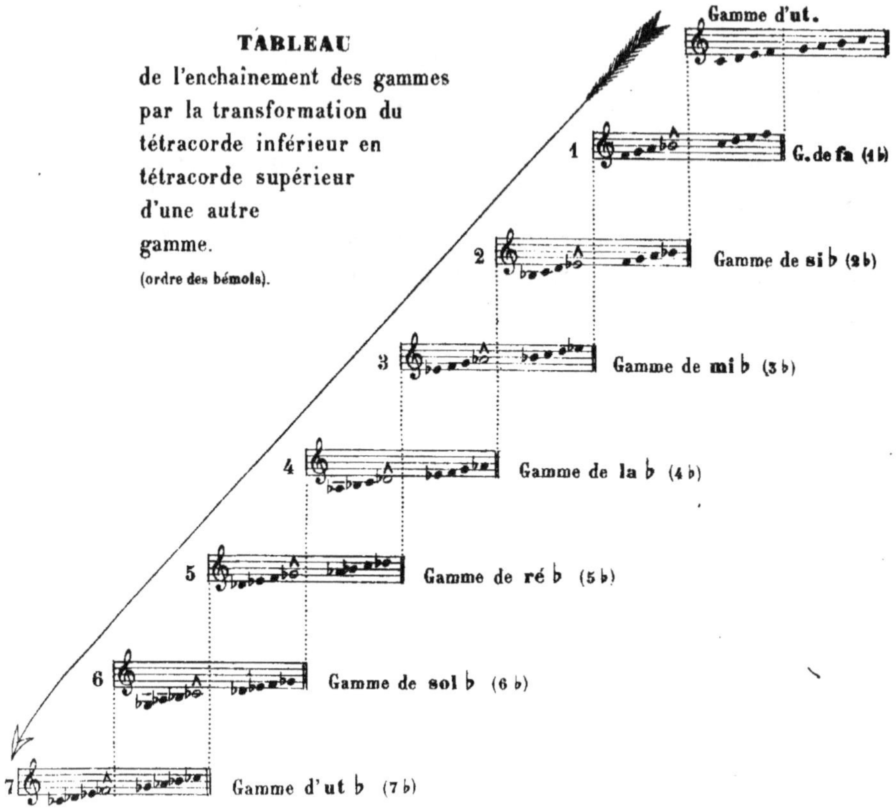

On voit par ce tableau:

1° Que chaque gamme a son tétracorde supérieur commun avec la gamme qui la précède, (qui a un bémol de moins), et son tétracorde inférieur commun avec la gamme qui la suit, (qui a un bémol de plus.)

2° Que les gammes qui contiennent des notes bémolisées se succèdent par une progression *descendante* de *Quinte en Quinte*.(1)

3° Que chaque nouveau bémol se présente également dans l'ordre descendant de *Quinte en Quinte*. (1)

---

(1) La progression descendante de Quinte en Quinte entraînant beaucoup au delà des limites de la portée, on écrit cette progression en faisant alterner une *Quinte descendante* avec une *Quarte ascendante*, la Quarte ascendante donnant, à l'octave supérieure, la même note que la Quinte descendante.

SUCCESSION DES BÉMOLS.

1.   2.   3.   4.   5.   6.   7.

SI,   MI,   LA,   RÉ,   SOL,   UT,   FA.

129. Remarquez que l'ordre des bémols est exactement inverse à l'ordre des dièses. (Comparez avec le tableau de la succession des dièses, 4ᵉ leçon, § 118).

EXEMPLE.

7.   6.   5.   4.   3.   2.   1. ◄—— ordre des bémols.

FA, UT, SOL, RÉ, LA, MI, SI,

ordre des dièses —— 1.   2.   3.   4.   5.   6.   7. ——►

EXERCICE.

Ecrivez à la suite les unes des autres, et dans leur ordre successif, toutes les gammes contenant des notes bémolisées. Indiquez la tonique, la sous-dominante et la note sensible de chacune d'elles, ainsi que le nombre et le nom des bémols qui s'y trouvent.

DE L'ARMURE DE LA CLÉ.
(ARMURE EN BÉMOLS.)

7ᵉ Leçon.

130. Les bémols qui font partie d'une gamme, (de la tonalité), ne se placent pas devant chacune des notes qu'ils altèrent. Ainsi que les dièses, ils se placent immédiatement après la clé, dans leur ordre de succession et sur les mêmes lignes ou dans les mêmes interlignes que les notes qu'ils altèrent.

EXEMPLE.

(1♭)   (2♭)   (3♭)   (4♭)   (5♭)   (6♭)   (7♭)

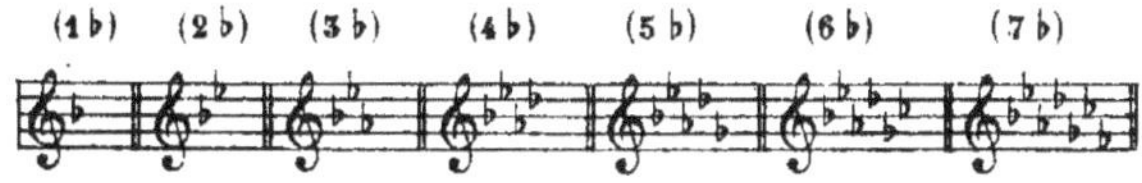

131. Les bémols, placés ainsi, forment *l'armure de la clé*, (armure en bémols), et leur effet se continue pendant toute la durée du morceau, à moins que l'armure de la clé ne soit modifiée.

132. L'armure de la clé, (en bémols), indique la tonalité dans laquelle un morceau est écrit. Ainsi que nous l'avons vu précédemment, (parag: 127), le dernier bémol affecte toujours la sous-dominante, *la tonique est* par conséquent *la note placée à une quarte juste au dessous.* (1)

EXEMPLES. Avec un bémol à la clé, ce bémol étant Si ♭, la tonique est *Fa,* quarte juste au-dessous.

Avec cinq bémols à la clé, le dernier bémol étant *Sol* ♭, la tonique est *Ré* ♭, quarte juste au-dessous.

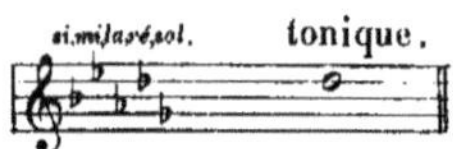

Remarquons également que *l'avant-dernier* des *bémols,* placés à la clé, affecte toujours la *tonique.* Le nom de l'avant-dernier bémol est donc aussi celui de la tonique. (2)

EXEMPLE. Avec quatre bémols, qui sont:

$$SI ♭ \_ MI ♭ \_ LA ♭ \_ RÉ ♭.$$

L'avant dernier bémol étant *La* ♭, *la* ♭ est le nom de la tonique.

133. Il est également facile de trouver l'armure de la clé d'une tonalité donnée, puisque nous savons que le dernier bémol occupe le 4ᵉ degré de la gamme.

EXEMPLE. La tonique étant *Ré* ♭, le dernier bémol est une quarte au-dessus, c'est donc le *Sol* ♭; or, dans l'ordre des bémols, le *Sol* ♭ étant le *cinquième,* il y a dans le ton de *Ré bémol, cinq bémols* qui sont:

$$SI ♭ \_ MI ♭ \_ LA ♭ \_ RÉ ♭ \_ SOL ♭.$$

EXERCICES.

1° Cherchez la tonalité qu'indique chacune des armures suivantes.

2° Indiquez l'armure de chacune des tonalités suivantes.

ton de Fa — ton de Ut ♭.

ton de Mi ♭ — ton de Sol ♭.

---

(1) Il y a une exception, ainsi qu'on le verra à la 10ᵉ leçon.

(2) C'est une conséquence naturelle de la succession des bémols par Quartes ascendantes. En effet, si le dernier bémol est sur la sous-dominante, la tonique se trouve une quarte au dessous, ainsi que l'avant-dernier bémol.

DES MODES.

8ᵉ Leçon.

134. On appelle **mode** la manière d'être d'une gamme diatonique.

135. Il y a *deux modes*, le **mode majeur** et le **mode mineur.**

La gamme que nous avons étudiée jusqu'à présent est la gamme diatonique du mode majeur, (ou par abréviation *gamme majeure*), dans laquelle les demi-tons sont placés :

1°. Entre le troisième degré et le quatrième.

2°. Entre le septième degré et le huitième.

Nous allons maintenant étudier la gamme mineure, dans laquelle les demi-tons sont placés différemment.

136. Jetons encore un regard en arrière sur la gamme majeure, et remarquons :

1° Que la *tonique* et la *médiante*, soit *ut-mi* dans la gamme d'ut majeur, forment l'intervalle de *tierce majeure.*

2° Que la *tonique* et la *sus-dominante*, soit *ut-la* dans la même gamme, forment l'intervalle de *sixte majeure.*

EXEMPLE.

Dans la gamme mineure, au contraire, cette *tierce* et cette *sixte* sont *mineures.*

EXEMPLE.

La *médiante* et la *sus-dominante* d'une gamme majeure seront donc abaissées d'un demi-ton chromatique, pour former une gamme mineure.

137. En comparant ces deux gammes, on voit qu'à l'exception de la *tierce* et de la *sixte*, qui sont *majeures* dans la *gamme majeure* et *mineures* dans la *gamme mineure*, tous les autres degrés forment avec la tonique des intervalles identiques.

EXEMPLE.

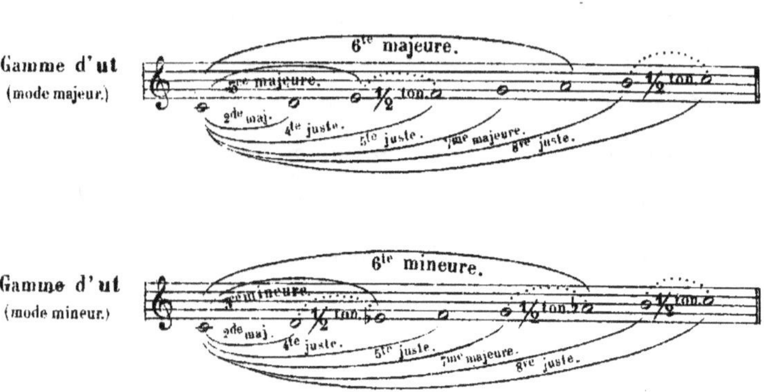

On voit également par cet exemple que, par suite de cette modification de la tierce et de la sixte, la gamme mineure contient 3 *demi-tons diatoniques*, placés :

1° Entre le deuxième degré et le troisième.

2° Entre le cinquième degré et le sixième.

3° Entre le septième degré et le huitième.

138. La *médiante* et la *sus-dominante*, n'offrant pas dans ces deux gammes les mêmes rapports de distance avec la tonique, constituent les *caractères distinctifs des modes*, et, pour cette raison, prennent le nom de **notes modales.**

EXERCICE.

Transformez en gammes mineures, les gammes majeures suivantes, en abaissant d'un demi-ton chromatique leurs notes modales.

DE LA GÉNÉRATION DE LA GAMME MINEURE.

9ᵉ Leçon.

139. La **gamme mineure**, ainsi que nous venons de le voir, est une modification de la gamme majeure. Nous allons étudier cette modification dans son principe.

On se rappelle:

1° Que la gamme majeure est engendrée par trois sons générateurs, nommés *notes tonales*.

2° Que ces notes tonales et leurs harmoniques forment trois accords parfaits majeurs, se succédant par quintes justes, et composés d'une *tierce majeure* et d'une *quinte juste* formées sur une note de basse.

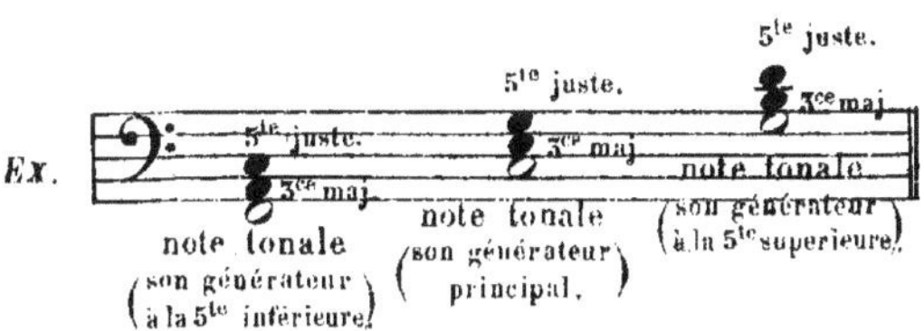

3° Enfin, qu'en écrivant par mouvement conjoint les sons fournis par ces trois accords, et en commençant par la note *Ut*, son générateur principal, nous obtenons la gamme diatonique d'*ut*, mode majeur. (¹)

EXEMPLE.

Dans la *gamme mineure*, la *tierce* de chacun des trois accords parfaits générateurs *doit être abaissée d'un demi-ton chromatique*. La tierce de l'accord devient alors mineure, et cette modification transforme l'*accord parfait majeur* en *accord parfait mineur*. (*L'accord parfait mineur* se compose d'une *tierce mineure* et d'une *quinte juste* formées sur une note de basse.)

EXEMPLE.

---

(1) Relisez la 1ʳᵉ leçon de la 3ᵉ partie.

En écrivant par mouvement conjoint ces différents sons, et en commençant par la note *Ut*, (son générateur principal), nous obtenons la gamme d'*ut*, mode mineur.

140. Cette gamme offre cependant un point défectueux; le septième degré est à un ton du huitième, et perd ainsi sa qualité de note sensible, puisque la note sensible ne doit être séparée de la tonique que par un demi-ton diatonique. De plus, cette gamme contient exactement les mêmes sons que la gamme majeure qui a *Mi* ♭ pour tonique.

Gamme d'**ut** mineure.

Gamme majeure de **mi** ♭, formée des mêmes
sons que la gamme mineure d'**ut**.

Afin d'obvier à ces inconvénients, *on altère le septième degré en l'élevant d'un demi-ton chromatique*, ce qui lui rend sa qualité de note sensible, et en même temps détruit l'équivoque qui pourrait exister entre la gamme mineure et la gamme majeure formées des mêmes sons.

Altération.

141. Par suite de cette altération, nous trouvons entre le sixième degré et le septième « *La* ♭, *Si* ♮ » *une seconde augmentée*, composée d'un ton et d'un demi-ton chromatique. Ce demi-ton chromatique introduit dans la gamme mineure, la fait participer de la gamme chromatique. (1) (2)

EXERCICE.

Indiquez la formation des gammes mineures suivantes, en écrivant les trois accords parfaits mineurs qui engendrent chacune d'elles et en signalant la note alterée.

---

(1)   Voyez « De la Gamme chromatique » 3ᵉ Partie, 12ᵉ leçon.

(2)   Cette gamme mineure est généralement adoptée aujourd'hui, parce que sa structure est le résultat exact des déductions théoriques; néanmoins, la seconde augmentée qui se trouve entre le sixième degré et le septième, produisant un tour mélodique peu naturel, quelques théoriciens avaient imaginé de la rectifier. Pour cela, ils avaient, dans la gamme ascendante, altéré le sixième degré, en l'élevant d'un demi-ton chromatique; puis, dans la gamme descendante, ils supprimaient les deux altérations.

EXEMPLE.

Cette gamme, qui en effet est plus chantante, présente plusieurs inconvénients; d'abord, elle détruit en montant une des deux notes modales, c'est à dire un des caractères distinctifs du mode; puis, abaissant le septième degré, en descendant, elle lui ôte sa qualité de note sensible et détruit ainsi un des caractères distinctifs de la tonalité moderne.

Une autre gamme consistait à monter seulement jusqu'à la sus-dominante, puis, revenu à la tonique, on faisait entendre la note sensible en descendant d'un demi-ton et de nouveau la tonique pour finir.

EXEMPLE.

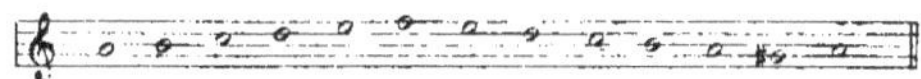

Cette gamme serait excellente si l'étendue n'en était aussi limitée.

DES GAMMES RELATIVES.

10ᵉ Leçon.

142. Nous avons vu, dans le chapitre précédent, qu'une gamme mineure était formée des mêmes sons qu'une gamme majeure ayant une tonique différente; et que, pour éviter toute équivoque entre ces deux gammes, on élevait d'un demi-ton le 7ᵉ degré de la gamme mineure.

Pour qualifier le rapport existant entre ces deux gammes, dont l'une est *majeure* et l'autre *mineure*, on les nomme **gammes relatives.**

143. Toute gamme majeure aura donc une gamme mineure relative et sera elle même relative de cette gamme mineure.

EXEMPLE.

On voit, par cet exemple, que la gamme mineure est à une tierce mineure au-dessous de la gamme majeure relative, et *vice versa.*

144. Une gamme majeure a donc pour tonique la *médiante* de la gamme mineure relative.

Une gamme mineure a pour tonique la *sus-dominante* de la gamme majeure relative.

On remarquera également que l'armure de la clé est commune à ces deux gammes, *l'altération* qui élève le 7ᵉ degré du mode mineur *ne faisant jamais partie de l'armure de la clé,* à cause de son caractère chromatique.

145. Pour former une gamme mineure, relative d'une gamme majeure, il faut:

1° Elever d'un demi-ton chromatique la dominante de cette gamme majeure, pour lui donner rang de note sensible.

2° Prendre pour tonique de la gamme mineure la note qui est à une tierce mineure au-dessous de la tonique de cette gamme majeure.

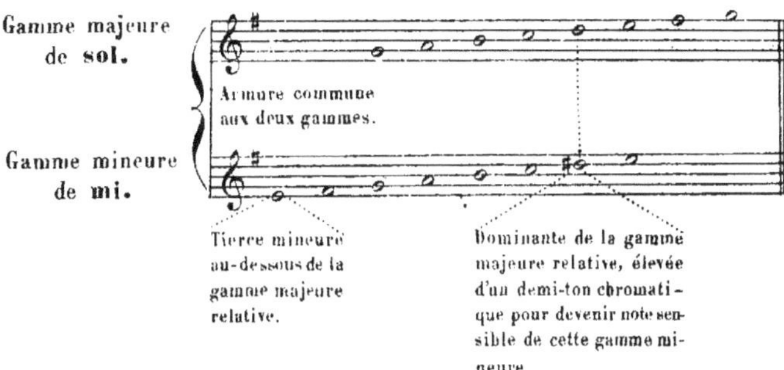

EXEMPLE.

146. Pour former une gamme majeure relative d'une gamme mineure, il faut:

1° Abaisser d'un demi-ton chromatique la note sensible de cette gamme mineure, pour en faire une dominante.

2° Prendre pour tonique de la gamme majeure, la note qui est à une tierce mineure au-dessus de la tonique.

EXEMPLE.

147. Pour compléter ce que nous avons dit des deux modes, nous donnons un tableau des gammes relatives majeures et mineures.

Nous donnons ensuite le tableau des intervalles qui se trouvent dans la gamme majeure et dans la gamme mineure, en indiquant leur nature et les degrés sur lesquels ils se produisent.

TABLEAU DES GAMMES RELATIVES

MAJEURES et MINEURES.

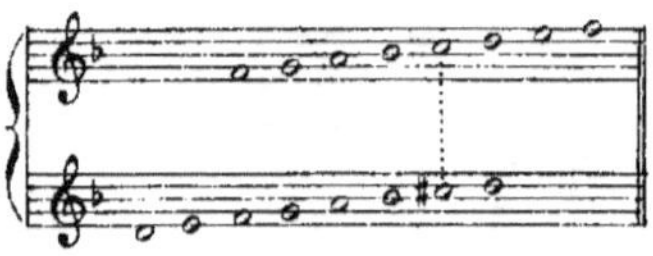

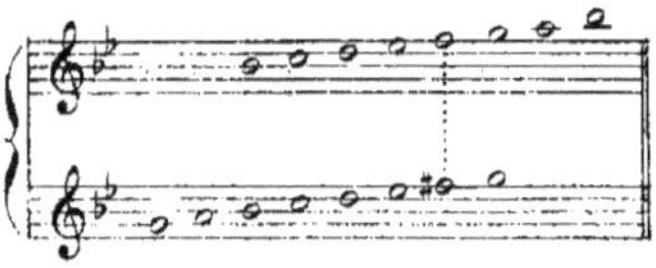

Gammes sans altération à la clé.

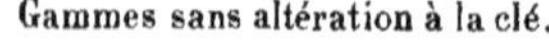

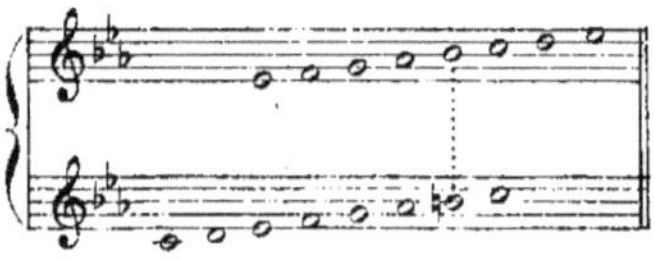

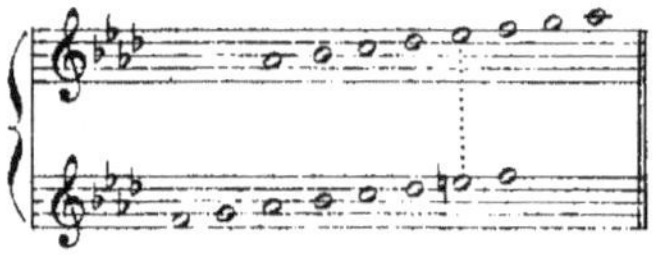

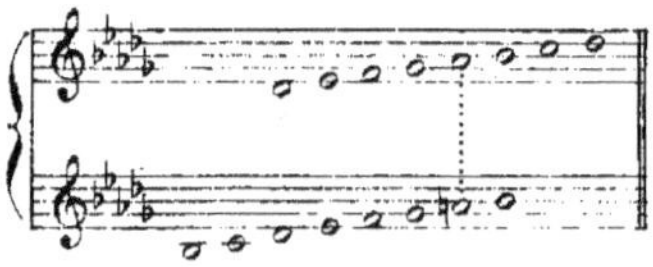

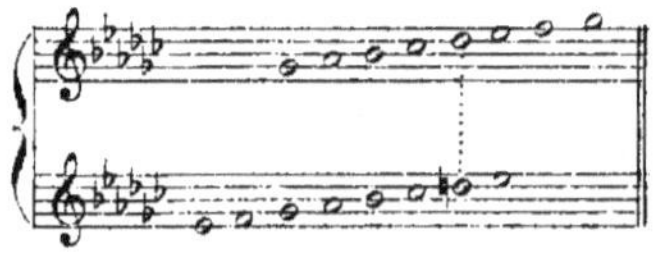

Gammes ayant des bémols à la clé.

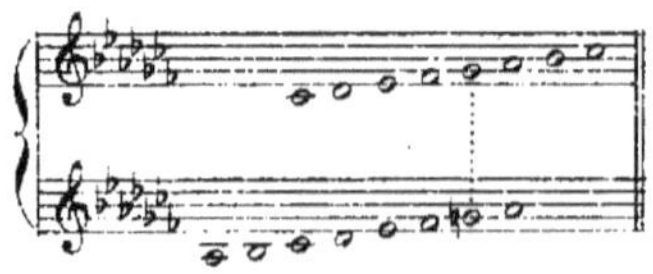

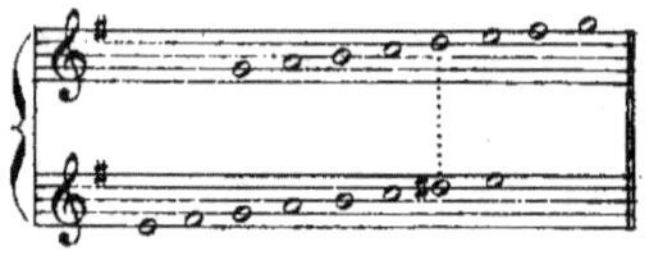

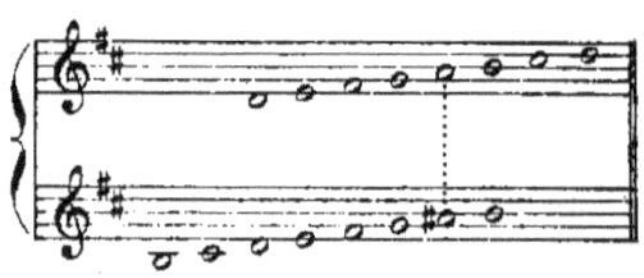

Gammes ayant des dièses à la clé.

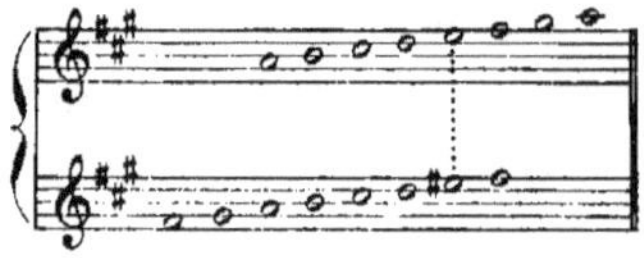

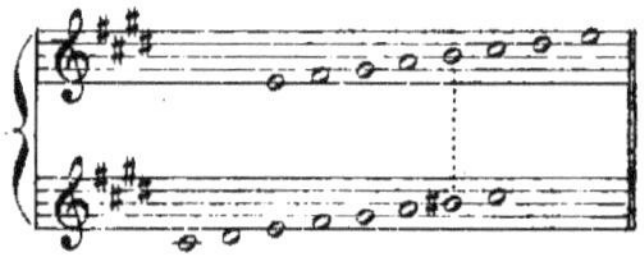

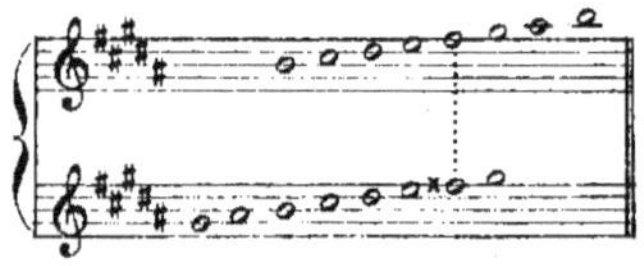

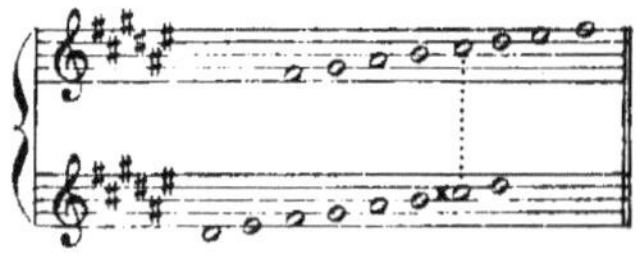

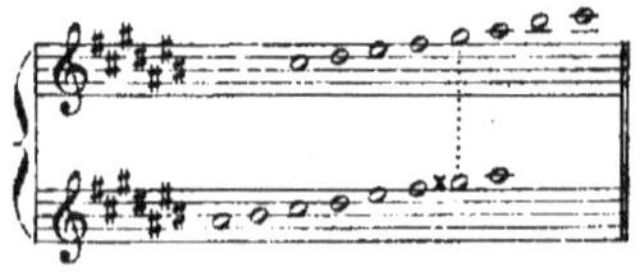

TABLEAU DES INTERVALLES

qui se trouvent dans la gamme majeure et dans la gamme mineure.

noms des intervalles.		GAMME MAJEURE.		GAMME MINEURE.	
		nombre.	degrés où ils se produisent.	nombre.	degrés où ils se produisent.
secondes	mineures.	2		3	
	majeures.	5		3	
	augmentée.	0		1	
tierces	mineures.	4		4	
	majeures.	3		3	
quartes	diminuée.	0		1	
	justes.	6		4	
	augmentées.	1		2	
quintes	diminuées.	1		2	
	justes.	6		4	
	augmentée.	0		1	
sixtes	mineures.	3		3	
	majeures.	4		4	
septièmes	diminuée.	0		1	
	mineures.	5		3	
	majeures.	2		3	
octaves	justes.	7		7	

On remarquera que les intervalles suivants ne se trouvent ni dans le mode majeur ni dans le mode mineur, et par conséquent ne peuvent être que le résultat de notes chromatiques: *tierce diminuée — tierce augmentée — sixte diminuée — sixte augmentée — octave diminuée — et octave augmentée*, ainsi que tous les intervalles *sous-diminués ou sur-augmentés*.

EXERCICES.

1° Reproduisez le tableau des gammes relatives, en copiant seulement les gammes majeures en bémols, et les gammes mineures en dièses, puis en le complétant de mémoire.

2° Indiquez les gammes majeures et mineures dans lesquelles on trouve les intervalles formés par les notes *mi ♭ — sol; ré ♯ — fa ♯; si — mi; sol — ut ♯; si — la ♭; mi — si; ut — la ♭* et *ut — mi ♭*.

SUITE DES GAMMES RELATIVES.
11ᵉ Leçon.

148. Les deux gammes relatives ayant la même armure de la clé, il faut un moyen de discerner dans laquelle de ces deux gammes un morceau de musique est écrit.

149. Le moyen principal est celui qui consiste à chercher, dans les premières mesures, la note qui n'est pas commune aux deux gammes.

Nous savons que cette note est la dominante du mode majeur qui, dans la gamme mineure relative, élevée d'un demi-ton chromatique, représente la note sensible. Or, si cette note n'est pas altérée, le morceau est dans le mode majeur; si, au contraire, elle est élevée d'un demi-ton chromatique, le morceau est dans la gamme mineure relative.

Ainsi, avec *quatre bémols* à la clé, on est, soit dans la gamme de *la bémol majeur*, soit dans celle de *fa mineur*.

Si la dominante de *la bémol majeur*, qui est *mi bémol*, n'est pas altérée, on est en *la bémol majeur*.

EXEMPLE.

Si la même note, *mi bémol*, est altérée par un *bécarre*, on est en *fa mineur*, dont *mi bécarre* est note sensible. (¹)

EXEMPLE.

150. On peut encore reconnaître le mode par la note de basse qui termine le morceau, cette note étant presque toujours la *tonique*. Mais il vaut mieux n'employer ce moyen que pour corroborer le précédent, s'il restait quelque doute dans l'esprit. (²)

EXERCICE.

Examinez différents morceaux de musique, et cherchez en la tonalité.

DE LA GAMME CHROMATIQUE.

12ᵉ Leçon.

151. **La gamme chromatique** est celle qui ne contient que des *demi-tons diatoniques* et *chromatiques*.

152. Toute gamme majeure ou mineure peut être transformée en gamme chromatique.

Cette transformation s'opère en faisant entendre le son intermédiaire qui se trouve entre tous les degrés espacés entre eux par un ton. Le son intermédiaire qui est la note chromatique, *n'implique aucune idée de modulation.* (³)

(¹) Il peut arriver, rarement il est vrai, que le 7ᵉ degré de la gamme mineure ne soit pas altéré; il est donc bon d'employer en même temps le moyen indiqué § **150**.

(²) Par l'analyse de la phrase mélodique et des accords qui l'accompagnent, on reconnaît la modalité plus sûrement, et surtout plus artistiquement; mais il faut, pour cela, posséder des connaissances que l'on acquiert seulement par l'étude de l'harmonie.

(³) Voir la 14ᵉ leçon « *De la modulation* »

153. On obtient cette note chromatique:

1º Par l'*accident ascendant*, (soit par le dièse devant une note non altérée, soit par le bécarre devant une note bémolisée), pour aller d'une note à une autre plus aigüe;(**1**) *excepté à l'égard du sixième degré d'une gamme majeure, et du premier degré d'une gamme mineure, qui ne peuvent être altérés en montant.* (**2**)

EXEMPLES.

2º Par l'*accident descendant*, (soit le bémol devant une note non altérée, soit le bécarre devant une note diésée), pour aller d'une note à une autre plus grave;(**3**) *excepté à l'égard du cinquième degré d'une gamme majeure, et du septième degré d'une gamme mineure* (**4**) *qui ne peuvent être altérés en descendant.*

---

(1) Dans la gamme ascendante on emploie l'accident ascendant, parce qu'étant plus rapproché de la note supérieure, il tend à monter.

(2) On ne peut altérer par l'accident ascendant le 6e degré du mode majeur, ni le 1er du mode mineur; par l'accident descendant, le 5e degré du mode majeur, ni le 7e du mode mineur; (voir la note 4 de cette page) parce que ces altérations sont absolument hétérogènes avec les sons de la gamme diatonique. *Elles ne peuvent entrer dans la composition d'un accord parfait majeur ou mineur dont une note de la gamme diatonique ferait partie.*

Ces altérations n'ayant aucune affinité avec les notes diatoniques de la gamme, ne pourraient être entendues sans faire naître immédiatement le sentiment d'une modulation.

En harmonie cependant, on peut quelquefois employer ces altérations; mais, afin de neutraliser leur tendance modulante, l'accord sur lequel l'une d'elles se résout, doit avoir une grande importance tonale.

EXEMPLE.

(3) Dans la gamme descendante on emploie l'accident descendant, parce qu'étant plus rapproché de la note inférieure, il tend à descendre.

(4) Nous parlons du septième degré inaltéré; du *sol* par exemple en *la* mineur, et non du *sol* ♯ qui est lui-même une altération (relire la 9e leçon.)

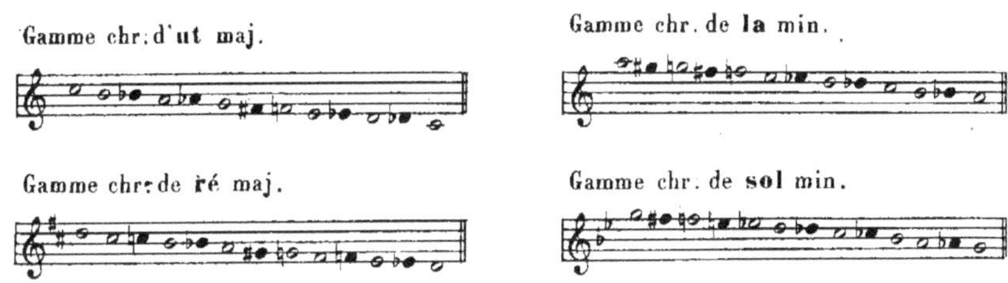

154. On voit d'après les exemples qui précèdent :

1° Que la *gamme chromatique* contient *douze demi-tons,* dont *sept* sont *diatoniques,* et *cinq, chromatiques.*

2° Que chaque gamme majeure et mineure pouvant être transformée en gamme chromatique, *il y aura des gammes chromatiques dans tous les tons.*

REMARQUE. — Dans certaines méthodes d'instruments, surtout d'instruments accordés d'après le tempérament, on rencontre la gamme chromatique notée sans tenir compte de ces lois tonales; c'est à dire, en employant indifféremment le dièse ou le bémol pour la note chromatique, soit en montant, soit en descendant.

Les auteurs de ces méthodes ont évidemment attaché peu d'importance à la notation tonale, parce que les notes enharmoniques, (soit *ut* ♯ et *ré* ♭), se prenant sur la même touche, ou sur la même corde, l'effet produit devait être absolument le même pour l'auditeur.

Au contraire, dans la plupart des méthodes écrites pour les instruments qui ne subissent pas la loi du tempérament, (le Violon, par exemple), les auteurs se sont astreints à noter la gamme chromatique selon les véritables principes de la tonalité. (voir *l'art du Violon* de P. BAILLOT, page 68).

155. Les notes chromatiques donnent de la variété au contour de la mélodie, de la finesse et du piquant à l'harmonie. Leur caractère principal est de ne pas déterminer de changement de ton ou modulation, car il est évident que si une note accidentée impliquait une modulation, elle serait note diatonique du ton où l'on va, et non plus note chromatique du ton que l'on quitte.

EXERCICE.

Prenant pour modèles les exemples qui précèdent, transformez en gammes chromatiques les gammes diatoniques suivantes: *ré* majeur, *sol* mineur, *mi* ♭ majeur, *ut* mineur, *la* majeur et *fa* ♯ mineur.

DES GAMMES ENHARMONIQUES.

13ᵉ Leçon.

156. On nomme **gammes enharmoniques** deux gammes dont les degrés qui se correspondent sont en rapport enharmonique. (Revoir: *De l'enharmonie.* — 2ᵉ partie; 3ᵉ leçon.)

EXEMPLE.

UTILITÉ DES GAMMES ENHARMONIQUES.

157. Au moyen de l'*enharmonie*, on ramène à 12, nombre réel des sons contenus dans la gamme chromatique, les 15 gammes majeures ainsi que les 15 gammes mineures.

On a vu, (3ᵉ partie, 10ᵉ leçon), qu'il y avait 15 gammes, dont

1 sans altération,

7 ayant des dièses à la clé,

et 7 ayant des bémols à la clé.

EXEMPLE.

Branche des bémols.   **Branche des dièses.**

						sans altération.							
7	6	5	4	3	2	1	1	2	3	4	5	6	7
UT♭	SOL♭	RÉ♭	LA♭	MI♭	SI♭	FA	ut	SOL	RÉ	LA	MI	SI	FA♯	UT♯

Or, puisqu'il n'y a en réalité que douze sons, douze points de départ, pour les gammes du mode majeur ainsi que pour celles du mode mineur, chacun de ces sons pourra être une tonique commune à deux gammes enharmoniques entre elles.

158. En inclinant l'une vers l'autre les deux branches de l'exemple précédent, celle des dièses et celle des bémols, ces branches se rencontreront à l'enharmonie *Fa* ♯ et *Sol* ♭, puis s'entrelaçant réciproquement, de nouvelles enharmonies se présenteront, *Ut* ♯ rencontrera son enharmonie *Ré* ♭, tandis que *Ut* ♭ rencontrera son enharmonie *Si*; etc.

EXEMPLE.

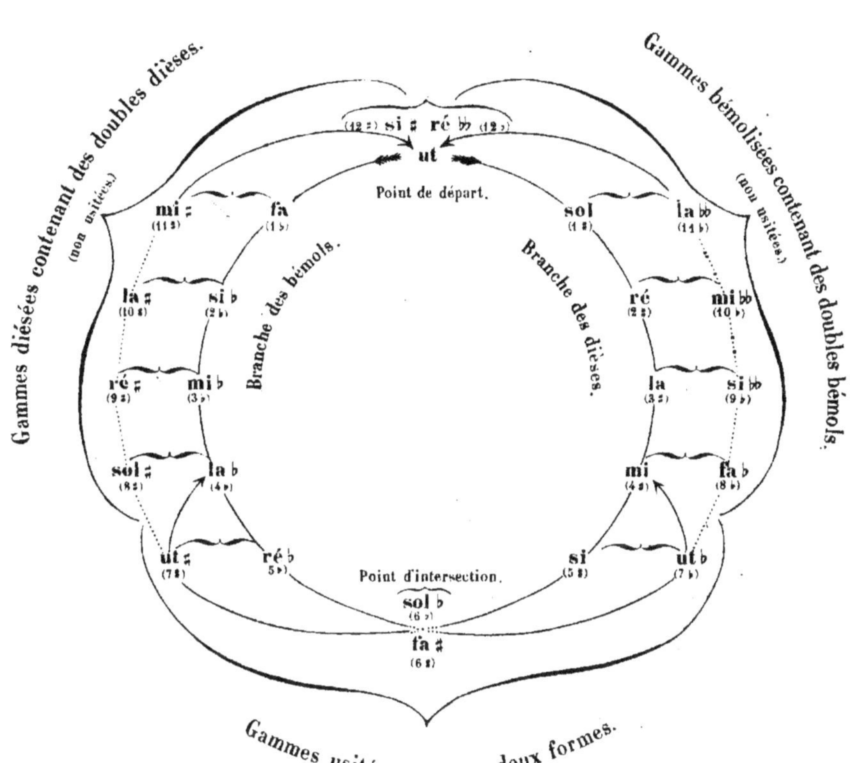

159. On voit par cette figure qu'en partant de l'*ut* par l'ordre des dièses, on y reviendra par l'ordre des bémols, toute marche en avant dans l'ordre des dièses étant une marche rétrograde dans l'ordre des bémols. On voit également qu'en partant de l'ut par l'ordre des bémols, on reviendra au point de départ par l'ordre des dièses, toute marche en avant dans l'ordre des bémols étant une marche rétrograde dans l'ordre des dièses. (¹)

---

(1) On remarquera aussi, (comme mnémonique), que les dièses et les bémols formant l'armure de la clé de deux gammes enharmoniques, complètent le nombre 12. Ainsi la gamme de FA ♯ a 6 dièses à la clé, et son enharmonique, la gamme de SOL ♭, a 6 bémols, total 12.

160. Les gammes enharmoniques peuvent se remplacer réciproquement, et par ce moyen, on évite les tons contenant un trop grand nombre d'accidents et on rend ainsi la lecture plus facile.

161. L'*enharmonie* est le complément du système tonal moderne. Elle est le lien par lequel l'ordre des dièses s'enchaîne à l'ordre des bémols. Par elle, les gammes se pénètrent réciproquement, et au moyen de cette pénétration, partant du même point par deux routes opposées. elles reviennent à leur point de départ lorsqu'elles en paraissent le plus éloignées.

EXERCICE.

Reproduisez le tableau des gammes majeures et mineures (3ᵉ partie, 10ᵉ leçon) et en regard de chacune de ces gammes, écrivez sa gamme enharmonique.

DE LA MODULATION.[1]

14ᵉ Leçon.

162. La **modulation** est le changement de ton, et en même temps la transition au moyen de laquelle ce changement s'opère.

163. La modulation est déterminée par l'altération d'une ou de plusieurs notes du ton dans lequel on est. Ces altérations étrangères au ton que l'on veut quitter, appartiennent au ton dans lequel on veut aller.

164. La note qui détermine la modulation est le plus souvent la *note sensible* ou la *sous-dominante* du ton dans lequel on module.

EXEMPLE.

Modulation de **fa** maj. en **ut** maj. par le **si** ♮ note sensible du ton d'ut.

EXEMPLE.

Modulation de **ré** maj. en **sol** maj. par l'**ut** ♮ sous dom. du ton de **sol**.

---

(1) Ce chapitre est seulement indiqué; les développements qu'il comporterait étant du ressort de l'harmonie.

165. Cette note peut être aussi la note sensible altérée du ton que l'on quitte.

Modulation de **ut** min. en **mi** ♭ maj. par le **si** ♭, altération de la note sensible du ton **d'ut**.

166. Si le ton dans lequel on module n'est que passager, on place immédiatement devant les notes qu'ils altèrent les accidents appartenant à ce nouveau ton.

Si au contraire le ton dans lequel on module doit persister pendant un temps plus long, on remplace l'armure de la clé du ton que l'on a quitté par celle du ton où l'on module.

Ainsi qu'on le voit par cet exemple et par ceux qui suivent, on doit au moment du changement d'armure, exclure par des *bécarres* les altérations qui appartenaient à la première armure, mais qui ne font plus partie de la nouvelle.

167. La *modulation* a pour but d'obvier à la monotonie qui résulterait de la persistance d'une seule tonalité dans un morceau de musique de quelque étendue.

Analysez un morceau de musique sous le rapport de la tonalité; indiquez les modulations, les transitions au moyen desquelles elles s'opèrent,et le point exact où elles ont lieu ainsi que la note qui les détermine.

DE LA TRANSPOSITION.

15ᵉ Leçon.

168. Transposer c'est exécuter ou transcrire un morceau de musique dans un autre ton que celui dans lequel il est écrit.

La transposition a pour but de placer dans une tonalité qui convient à une voix ou à un instrument, un morceau écrit trop haut ou trop bas pour cette voix ou pour cet instrument. Ainsi,un air écrit pour une voix de *Soprano*, doit être abaissé pour être chanté par une voix de *Contralto;* écrit pour une voix de *Basse*, il doit être élevé pour être chanté par une voix de *Ténor*.

169. Il y a deux moyens de transposer:

En changeant la position des notes sur la portée. (Employé pour la *transposition en écrivant.*)

En changeant la clé. (Employé pour la *transposition en lisant.*)

TRANSPOSITION EN CHANGEANT LA POSITION DES NOTES. (en écrivant)

170. Cette transposition est la plus facile. Il suffit,pour l'opérer, de copier chaque note du morceau à l'intervalle auquel on veut transposer,soit au-dessus, soit au-dessous.

Il faut préalablement placer à la clé l'armure du ton dans lequel on transpose; puis,en écrivant, on devra parfois modifier quelques altérations accidentelles.Ces modifications n'offriront pas de difficulté,puisqu'on aura le temps de la réflexion.

Transposer de 1 ton au-dessous ce fragment qui est en *ut majeur*, c'est l'écrire en *si* ♭ *majeur*.

Il faudra donc:

1° Placer à la clé l'armure du ton de *si* ♭ *majeur*, soit: *si* ♭ et *mi* ♭.

2° Copier toutes les notes 1 ton au-dessous, soit:

Transposer de 1 ton au-dessus le même fragment en *ut*, c'est l'écrire en *ré majeur*.

Il faudra donc:

1° Placer à la clé l'armure du ton de *ré majeur,* soit: *fa* ♯ et *ut* ♯.

2° Copier toutes les notes 1 ton au-dessus, soit:

TRANSPOSITION EN CHANGEANT LA CLÉ. (en lisant.)

171. Cette transposition qui exige l'habitude de lire avec toutes les clés, est plus difficile que là précédente.

Pour l'opérer il faut:

1° Trouver la *clé* dont l'emploi permet de lire dans le ton voulu.

2° Supposer à la clé, *l'armure* du ton dans lequel on transpose.

3° Connaître d'avance les notes devant lesquelles, par suite du changement d'armure, les *altérations accidentelles* devront être modifiées.

Examinons tour à tour chacune de ces trois opérations.

172. Clé à employer.__ Pour trouver la clé au moyen de laquelle on lira dans le ton voulu, il faut chercher celle qui donnera à la note, *tonique du morceau écrit*, le nom de la *tonique du morceau transposé.* [1]

EXEMPLE.

FRAGMENT A TRANSPOSER.

Pour transposer ce fragment écrit en *ut*, d'une tierce au-dessous, c'est à dire en *la*, il faut choisir la clé qui donnera à l'*ut, tonique* de ce fragment, le nom de *la, tonique* du ton dans lequel on transpose. Cette clé est la *clé d'ut,* sur la 1ʳᵉ ligne, soit:

La pratique des différentes clés rend facile cette opération.

---

[1] Dans ce changement de clés, la clé sert à indiquer le *nom* de la note, mais n'exprime pas toujours sa hauteur dans l'échelle musicale.

173. Armure du ton dans lequel on transpose. — Il suffit de placer mentalement, après la clé, l'armure du ton dans lequel on transpose. Ainsi, dans l'exemple précédent en *ut majeur* transposé en *la majeur*, on supposera 3 dièses à la clé. (armure du ton de la majeur.)

EXEMPLE.

174. Notes devant lesquelles les altérations accidentelles devront être modifiées. — Connaître d'avance les notes devant lesquelles les altérations accidentelles devront être modifiées, est la véritable difficulté de la transposition; cependant, il y a des règles précises dont nous allons faire mention et qui applaniront cette difficulté.

175. RÈGLE 1re — Si le ton dans lequel on transpose prenait *plus de dièses* ou *moins de bémols*, (ce qui revient au même), que le morceau écrit, autant il y aurait de *dièses en plus* ou de *bémols en moins*, autant il y aurait de *notes prises dans l'ordre des dièses* (*fa, ut, sol, ré, la, mi, si,*) devant lesquelles les altérations accidentelles s'exécuteraient (dans la transposition) 1 demi-ton chromatique *au-dessus*. Le $\flat\flat$ devenant $\flat$, le $\flat$ devenant $\natural$, le $\natural$ devenant $\sharp$, et le $\sharp$ devenant $\times$.

Les accidents placés devant les autres notes ne subiraient aucune modification.

APPLICATION DE CETTE RÈGLE.

FRAGMENT A TRANSPOSER.

Etant donné ce fragment en *si* ♭ *majeur*, à transposer en *sol majeur,* après avoir supposé la *clé d'ut* sur la 1re *ligne*, puis, 1 dièse à la clé au lieu de 2 bémols: on voit que la différence entre l'armure du ton écrit et l'armure supposée est de **2** *bémols en moins* et 1 *dièse en plus*, (équivalant à 3 altérations ascendantes en plus. (1) En conséquence, les accidents placés devant les 3 premières notes prises dans l'ordre des dièses, c'est à dire *fa, ut, sol*, devront être *élevés* d'un demi-ton.

MÊME FRAGMENT TRANSPOSÉ EN SOL MAJEUR.

---

(1) Deux *bémols* en moins et un *dièse* en plus équivalent en effet à 3 altérations *ascendantes* en plus; car, si dans une *modulation* de *si* ♭ majeur en *sol* majeur, on changeait l'armure de la clé, il faudrait, avant le *fa* ♯ (armure du ton de *sol*) placer deux *bécarres* pour annihiler le *si* ♭ et le *mi* ♭ (armure du ton de *si* ♭, voir § 166). Or, le *bécarre* élevant une note *bémolisée* est un véritable accident ascendant.

En comparant le fragment écrit en *si* ♭ avec le même fragment transposé en *sol*, on remarquera que tous les accidents, qui, (dans la transposition en *sol*), sont placés devant les notes *fa, ut, sol,* sont interprétés 1 demi-ton *au-dessus.*

✗ 176. RÈGLE 2ᵉ— Si le ton dans lequel on transpose prenait *plus de bémols* ou *moins de dièses,* (ce qui revient au même), que le morceau écrit; autant il y aurait de *bémols en plus* ou de *dièses en moins,* autant il y aurait de *notes prises dans l'ordre des bémols* (*si, mi, la, ré, sol, ut, fa,*) devant lesquelles les altérations accidentelles s'exécuteraient (dans la transposition) 1 demi-ton chromatique *au-dessous.* Le x devenant ♯, le ♯ devenant ♮, le ♮ devenant ♭, et le ♭ devenant ♭♭.

Les accidents placés devant les autres notes ne subiraient aucune modification.

APPLICATION DE CETTE RÈGLE.

FRAGMENT A TRANSPOSER.

Etant donné ce fragment en *sol majeur,* à transposer en *fa majeur,* après avoir supposé la *clé d'ut* sur la 4ᵉ *ligne,* puis, 1 bémol à la clé au lieu de 1 dièse: on voit que la différence entre l'armure du ton écrit et l'armure supposée est de 1 *dièse en moins* et 1 *bémol en plus,* (équivalant à 2 altérations descendantes en plus.) En conséquence, les accidents placés devant les 2 premières notes prises dans l'ordre des ♭, c'est à dire devant *si* et *mi,* devront être *abaissés* d'un demi-ton.

MÊME FRAGMENT TRANSPOSÉ EN FA MAJEUR.

En comparant le fragment écrit en *sol* avec le même fragment transposé en *fa,* on remarquera que tous les accidents qui, (dans la transposition en *fa*), sont placés devant les notes *si* et *mi,* sont interprétés 1 demi-ton *au-dessous.* (1)

REMARQUE.—On remarquera que ces deux règles se corroborent, la seconde n'étant que la proposition inverse de la première. Des causes exactement inverses devant absolument produire des effets exactement inverses.

---

(1) Pour la transposition de 1 demi-ton chromatique, et pour une difficulté qu'elle amène quelquefois, voir la note (*j*) à la fin du volume.

EXERCICES.

Transposez *en changeant la position des notes* (§ 170) et dans les tons de *sol majeur — si♭ majeur — mi majeur* et *ré♭ majeur*, les fragments ci-dessous.

Transposez *en changeant la clé* (§ 171 et suivants) et dans les tons de *ré majeur — ut majeur — la♭ majeur —* et *ré♭ majeur*, le fragment ci-dessous.

Transposez *en changeant la clé* et dans les tons de *ré mineur — si mineur — sol mineur* et *fa♯ mineur*, le fragment suivant.

FIN DE LA TROISIÈME PARTIE.

QUATRIÈME PARTIE..

LA MESURE.

Nous avons étudié dans la première partie, les signes qui représentent des *durées*: (1) les différentes figures de notes et de silences, ainsi que leur valeur relative; puis, le point, le double point, le triolet et la liaison. Maintenant nous allons apprendre à grouper ces signes et à les coordonner.

Les règles qui président à leur ordonnance font l'objet de l'étude de *la mesure*.

DES BARRES DE MESURE.

1ʳᵉ Leçon.

177. La **mesure** est la division d'un morceau de musique en parties égales.

Cette division s'obtient au moyen de barres qui traversent perpendiculairement la portée et que l'on nomme **barres de mesure.**

EXEMPLE.

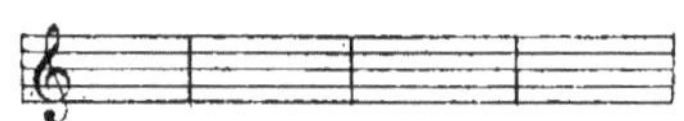

178. L'ensemble des valeurs, notes ou silences, qui se trouvent comprises entre deux barres de mesure, forme **une mesure.**

La somme de ces valeurs doit être égale pour toutes les mesures d'un même morceau, (2) et par conséquent toutes ces mesures auront une durée égale.

EXEMPLE.

On voit que chaque mesure renferme une somme de valeurs égale à une blanche pointée ou trois noires.

---

(1) Leçons: 2ᵉ ; 3ᵉ ; 10ᵉ ; 11ᵉ ; 13ᵉ ; 14ᵉ et 15ᵉ.

(2) A moins qu'il n'y ait un changement de mesure. (voir 3ᵉ leçon, § 185.)

179. La fin d'un morceau de musique s'indique toujours par une **double barre de mesure** au-dessus de laquelle on écrit ordinairement le mot **FIN**.

EXEMPLE.

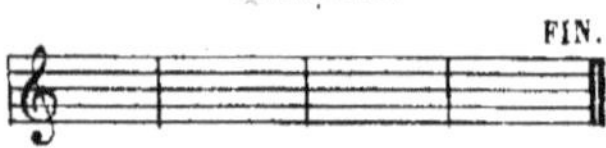

La *double barre* (¹) se place aussi pour séparer deux parties d'un morceau;

EXEMPLE.

Ou avant un changement d'armure de la clé;

EXEMPLE.

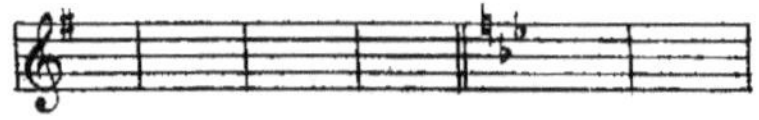

Ou enfin, avant un changement de mesure. (voir 3e leçon § 185)

EXEMPLE.

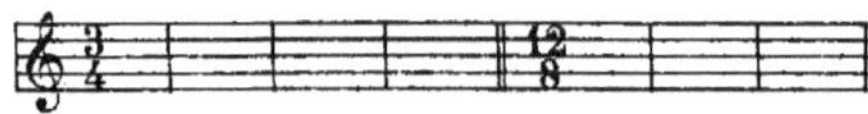

EXERCICES.

Additionnez les valeurs, notes et silences, qui se trouvent dans chaque mesure, et assurez-vous que la somme de ces valeurs est égale pour chacune d'elles.

Chacune des mesures suivantes doit contenir la valeur d'une blanche ou deux noires; placez les barres de mesures.

(1) Cette double barre est alors *barre de mesure* et *barre de séparation.*

DES TEMPS.

2ᵉ Leçon.

180. Une mesure se subdivise en deux, trois ou quatre parties, qu'on nomme **temps**.

Il y a donc : la mesure à *deux temps*,

la mesure à *trois temps*,

et la mesure à *quatre temps*.

181. Tous les temps d'une mesure n'ont pas une importance égale au point de vue de l'accentuation. Les uns doivent être articulés plus fortement que les autres : les premiers se nomment **temps forts** et les autres, **temps faibles**.

Les **temps forts** sont : *le premier temps* de chaque mesure, et le *troisième temps* de la mesure à quatre temps.

Ainsi :

Dans la mesure à 2 temps, le premier temps est *fort*, et le second est *faible*.

Dans la mesure à 3 temps, le premier temps est *fort*, le deuxième et le troisième sont *faibles*.

Dans la mesure à 4 temps, le premier et le troisième temps sont *forts*, le deuxième et le quatrième sont *faibles*.

182. Chacun de ces temps peut se subdiviser à son tour en plusieurs parties ; la première partie d'un temps est forte relativement aux autres qui sont faibles.

183. Lorsque les temps d'une mesure sont divisibles par *deux*, on les nomme *temps binaires* et ils constituent la *mesure simple*.

Lorsque les temps d'une mesure sont divisibles par *trois*, on les nomme *temps ternaires* et ils constituent la *mesure composée*.

Il y a donc deux espèces de mesures :

La **mesure simple** dont les *temps* sont *binaires*.

La **mesure composée** dont les *temps* sont *ternaires*.

EXERCICES.

Indiquez les temps forts et les temps faibles des divers fragments qui suivent et dont les temps sont numérotés.

DES CHIFFRES

INDICATEURS DES DIFFÉRENTES MESURES.

3ᵉ Leçon.

184. Les différentes mesures sont indiquées par deux chiffres disposés sous forme de fractions, (¹) dont la ronde est l'unité.

EXEMPLE.

$$\frac{2}{4}; \quad \frac{3}{2}; \quad \frac{9}{8}; \quad \frac{4}{1}.$$

185. Ces deux chiffres se placent au commencement du morceau de musique, immédiatement après l'armure de la clé. Si un changement de mesure se présentait dans le courant du même morceau, on indiquerait la nouvelle mesure par de nouveaux chiffres qu'on placerait après une double barre de séparation.

EXEMPLE.

186. Le chiffre supérieur, (*numérateur*, indiquant le nombre), exprime la *quantité* de valeurs formant une mesure.

Le chiffre inférieur, (*dénominateur*, indiquant la dénomination), exprime la *qualité* de ces valeurs.

EXEMPLES.

Exprime une mesure formée de deux quarts de ronde, c'est-à-dire de deux noires, (2 indique qu'il y a deux valeurs; 4 indique que ces valeurs sont des quarts de ronde, des noires).

Exprime une mesure formée de douze huitièmes de ronde, c'est-à-dire de douze croches, (12 indique qu'il y a douze valeurs; 8 indique que ces valeurs sont des huitièmes de ronde, des croches).

187. On énonce les différentes mesures par le nom des chiffres qui les représentent; par conséquent:

Une mesure composée de deux quarts de ronde et chiffrée ainsi $\frac{2}{4}$ se nomme *« mesure à deux quatre »*

Une mesure composée de douze huitièmes de ronde et chiffrée ainsi $\frac{12}{8}$ se nomme *« mesure à douze huit »*

188. On emploie le plus souvent une abréviation pour les mesures qui se chiffrent par $\frac{2}{2}$ et par $\frac{4}{4}$.

Celle qui se chiffre par $\frac{2}{2}$ est indiquée par un seul 2, ou par le signe ₵ (c barré).

Celle qui se chiffre par $\frac{4}{4}$ est indiquée par un seul 4, ou par le signe **C** (c).

(¹) Moins la barre qui dans les fractions sépare ordinairement les deux chiffres.
(²) Voir la 1ʳᵉ Partie. § 11.

Indiquez la composition des mesures qu'expriment les chiffres ou les signes suivants :

$\frac{12}{4}$; $\frac{12}{2}$; $\frac{6}{8}$; $\frac{3}{1}$; $\frac{3}{8}$; $\frac{4}{2}$; $\frac{2}{1}$; ¢; 4; $\frac{3}{4}$; C; 2; $\frac{9}{8}$; $\frac{6}{2}$; $\frac{3}{2}$; $\frac{2}{4}$; $\frac{4}{1}$; $\frac{6}{4}$; $\frac{12}{8}$;

Indiquez les chiffres qui expriment les différentes compositions de mesures qui
suivent :

Une mesure formée de *neuf huitièmes de ronde.*

—   *douze quarts* —

—   *quatre rondes.*

—   *quatre noires.*

—   *six doubles croches.*

—   *trois croches.*

—   *deux blanches.*

—   *deux noires.*

—   *trois noires.*

—   *six croches.*

DES MESURES SIMPLES.

4ᵉ Leçon.

189. La **mesure simple** est celle dont la somme des valeurs formant chaque temps équivaut toujours à un signe de valeur simple, soit : *une ronde, une
blanche, une noire* ou *une croche.* Elle est, par conséquent, *celle dont chaque temps
est divisible par deux.* (temps binaires)

190. Dans les mesures simples, le *chiffre inférieur* (dénominateur) indique la
durée qui occupe un temps. Or, chaque temps de ces mesures ne pouvant être
occupé que par une *ronde, une blanche, une noire* ou une *croche*, ce chiffre inférieur ne pourra être que 1, 2, 4 ou 8.

Le chiffre 1 représentant l'*unité*............la *ronde.*

—   2   —   la *demie*........la *blanche.*

—   4   —   le *quart*........la *noire.*

—   8   —   le *huitième*....la *croche.*

191. Le *chiffre supérieur* (numérateur) indique la *quantité* de ces valeurs
et par conséquent *le nombre de temps.* Or, puisque les mesures n'ont que deux,
trois ou quatre temps, ce chiffre supérieur ne pourra être que 2, 3 ou 4.

Les chiffres $\frac{3}{2}$, placés au commencement de cette mesure, indiquent qu'il faut
trois demies, c'est-à-dire *trois blanches*, pour la mesure entière, (ou une somme
de valeurs égale à trois blanches); et en même temps, le 3 indique que la
mesure est à trois temps, et le 2 qu'il faut une blanche, (ou une somme de valeurs égale à une blanche), pour chaque temps.

192. Chacuue des mesures simples à 2, 3 et 4 temps pouvant se présenter sous quatre formes différentes, c'est-à-dire, pouvant avoir pour chaque temps une *ronde*, une *blanche*, une *noire* ou une *croche*; il s'ensuit qu'il y a *douze mesures simples* dont voici le tableau.

TABLEAU DES MESURES SIMPLES.

(Temps binaires.)

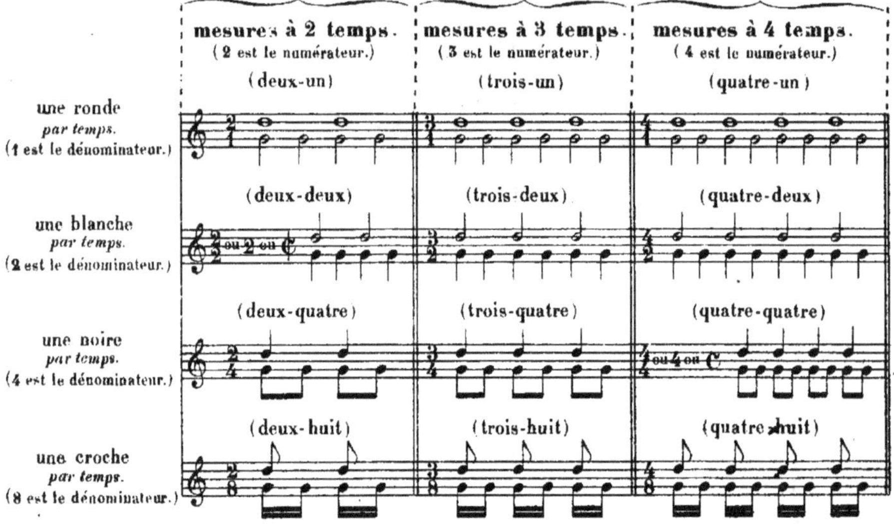

193. Les mesures simples les plus usitées, dans la musique moderne, sont celles qui contiennent une noire par temps: $\frac{2}{4}$, $\frac{3}{4}$ et **C**.

La mesure à deux temps ayant une blanche par temps **¢**, et la mesure à trois temps ayant une croche par temps $\frac{3}{8}$, sont aussi employées fréquemment.

EXERCICES.

Placez les chiffres indicateurs au commencement de chacune des mesures suivantes.

DES MESURES COMPOSÉES.

5ᵉ Leçon.

194. La **mesure composée** est celle dont la somme des valeurs formant chaque temps équivaut toujours à un signe de valeur pointée, soit: une *ronde pointée*, une *blanche pointée*, une *noire pointée* ou une *croche pointée*. Elle est par conséquent *celle dont chaque temps est divisible par trois.* (temps ternaires.)

195. Dans les mesures composées, le *chiffre inférieur* (dénominateur) indique la *durée* qui occupe *un tiers de temps.* Or, chaque temps de ces mesures ne pouvant être occupé que par une *ronde pointée*, une *blanche pointée*, une *noire pointée* ou une *croche pointée*, ce chiffre inférieur ne pourra être que 2, 4, 8 ou 16.

Le chiffre 2 représentant une *blanche*, tiers d'un temps occupé par une *ronde pointée*.

Le chiffre 4 représentant une *noire*, tiers d'un temps occupé par une *blanche pointée*.

Le chiffre 8 représentant une *croche*, tiers d'un temps représenté par une *noire pointée*.

Le chiffre 16 représentant une *double-croche*, tiers d'un temps représenté par une *croche pointée*.

196. Le *chiffre supérieur* (numérateur) indique la *quantité* de ces valeurs. Or, puisque ces mesures n'ont que deux, trois ou quatre temps, ce chiffre supérieur ne peut être que 6, 9 ou 12.

Le chiffre 6 indiquant 6 tiers de temps, pour la mesure à 2 temps.

Le — 9 — 9 — — 3 —
Le — 12 — 12 — — 4 —

Les chiffres $\frac{12}{4}$, placés au commencement de cette mesure, indiquent qu'il faut *douze quarts de ronde*, c'est-à-dire *douze noires*, pour la mesure entière, (ou une somme de valeurs égale à 12 noires). Or, chaque noire étant un tiers de temps, la mesure est à quatre temps et chaque temps est occupé par 3 noires, (ou une somme de valeurs égale à 3 noires).

197. Chacune des mesures composées à 2, 3 et 4 temps, pouvant se présenter sous quatre formes différentes, c'est-à-dire pouvant avoir pour chaque temps: soit une *ronde pointée*, une *blanche pointée*, une *noire pointée* ou une *croche pointée*, il s'ensuit qu'il y a douze mesures composées dont voici le tableau.

TABLEAU DES MESURES COMPOSÉES.

(Temps ternaires.)

198. Les mesures composées les plus usitées dans la musique moderne, sont celles qui contiennent une noire pointée par temps: $\frac{6}{8}$; $\frac{9}{8}$; $\frac{12}{8}$.

La mesure à $\frac{6}{4}$ et celle à $\frac{9}{16}$ s'emploient aussi quelquefois.

EXERCICES.

Placez les chiffres indicateurs au commencement de chacune des mesures suivantes.

DE LE RELATION

DES MESURES SIMPLES AVEC LES MESURES COMPOSÉES.

6e Leçon.

199. Chaque mesure simple correspond à une mesure composée et *vice versa*.

Les deux mesures qui se correspondent ont toujours le même nombre de *temps:*

Dans la mesure simple, chaque temps est occupé par une figure de note simple, (produisant des temps binaires).

Dans la mesure composée correspondante, chaque temps est occupé par la même figure de note, mais pointée, (produisant des temps ternaires). (1)

EXEMPLE.

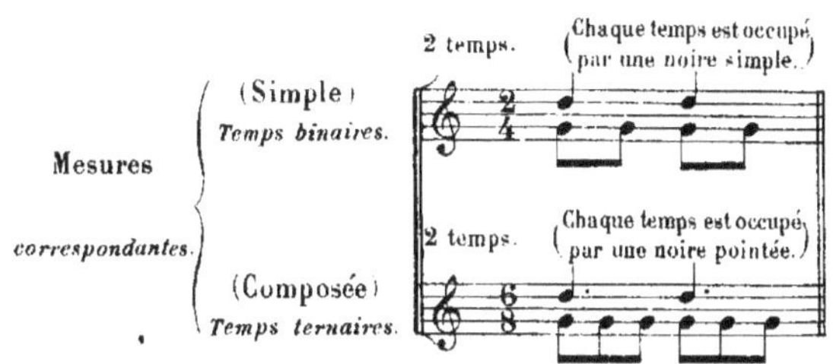

200. Pour transformer en mesure composée une mesure simple, il faut ajouter un point à la figure de note formant un temps de cette mesure simple.

EXEMPLE.

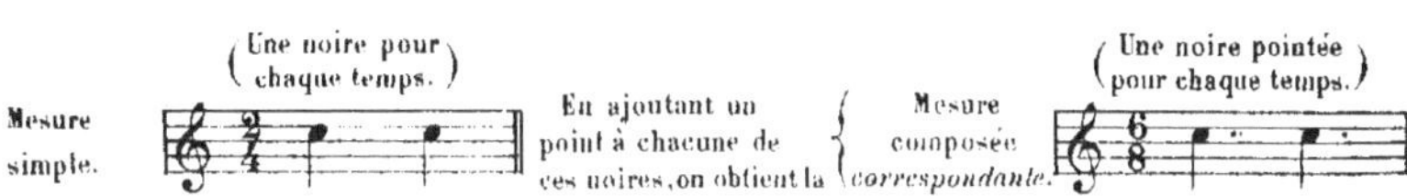

201. Pour transformer en mesure simple une mesure composée, il faut faire l'opération inverse, supprimer le point qui se trouve après chaque figure de note formant un temps de cette mesure composée.

EXEMPLE.

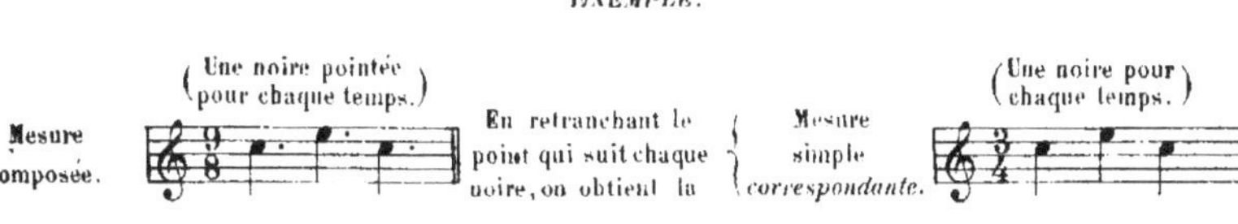

---

(1) Voir la note (K) à la fin du volume

202. Pour trouver les chiffres indicateurs d'une mesure composée correspondant à une mesure simple, il faut multiplier par 3 le chiffre supérieur de cette mesure simple, et par 2 son chiffre inférieur.

EXEMPLE.

CHIFFRES INDICATEURS	CHIFFRES INDICATEURS
d'une mesure simple.	*de la mesure composée correspondante.*

3 -------- multiplié par 3, donne ---------- 9
2 -------- multiplié par 2, donne ---------- 4

203. Pour trouver les chiffres indicateurs d'une mesure simple correspondant à une mesure composée, il faut faire l'opération inverse, c'est-à-dire, diviser par 3 le chiffre supérieur de cette mesure composée, et par 2 son chiffre inférieur.[1]

EXEMPLE.

CHIFFRES INDICATEURS	CHIFFRES INDICATEURS
d'une mesure composée.	*de la mesure simple correspondante.*

9 ---------- divisé par 3, donne ---------- 3
4 ---------- divisé par 2, donne ---------- 2

204. Dans la mesure simple, le numérateur est toujours 2, 3 ou 4.
Le numérateur 2 pour la mesure à 2 temps.
  — 3 — 3 —
  — 4 — 4 —

205. Dans la mesure composée, le numérateur est toujours 6, 9 ou 12.
Le numérateur 6 pour la mesure à 2 temps.
  — 9 — 3 —
  — 12 — 4 —

206. Vérifiez tous ces faits sur le tableau comparatif qui suit.

---

[1] On est obligé, pour exprimer une mesure composée, de prendre comme chiffre inférieur, (dénominateur), celui qui exprime la valeur équivalant au tiers d'un temps, puisqu'un temps est formé d'une valeur de note pointée qui ne peut se représenter par un chiffre.

Si le dénominateur, au lieu d'être représenté par un chiffre, l'était par la figure de note même qui occupe un temps, le numérateur pourrait être le même pour une mesure simple et pour la mesure composée correspondante.

EXEMPLES.

Mesures simples.   2♩   au lieu de $\frac{2}{4}$;   3♩   au lieu de $\frac{3}{2}$.

et par conséquent,

Mesures composées correspondantes.   2♩.   au lieu de $\frac{6}{8}$;   3♩.   au lieu de $\frac{9}{4}$.

TABLEAU GÉNÉRAL ET COMPARATIF
des douze mesures simples et des douze mesures composées.

	Mesures à 2 temps.	Mesures à 3 temps.	Mesures à 4 temps.
Simples temps binaires **o** par temps.	deux-un.	trois-un.	quatre-un.
Composées temps ternaires **o .** par temps.	six-deux.	neuf-deux.	douze-deux.
Simples temps binaires **ρ** par temps.	deux-deux.	trois-deux.	quatre-deux.
Composées temps ternaires **ρ .** par temps.	six-quatre.	neuf-quatre.	douze-quatre.
Simples temps binaires **ρ** par temps.	deux-quatre.	trois-quatre.	quatre-quatre.
Composées temps ternaires **ρ .** par temps.	six-huit.	neuf-huit.	douze-huit.
Simples temps binaires **ρ** par temps.	deux-huit.	trois-huit.	quatre-huit.
Composées temps ternaires **ρ .** par temps.	six-seize.	neuf-seize.	douze-seize.

(Mesures Correspondantes.)

EXERCICES.

Transformez en mesures composées les mesures simples suivantes.

Transformez en mesures simples les mesures composées suivantes.

Écrivez les chiffres indicateurs des mesures composées correspondant aux mesures simples suivantes, $\frac{3}{1}$ $\frac{4}{2}$ $\frac{2}{4}$ $\frac{2}{8}$.

Écrivez les chiffres indicateurs des mesures simples correspondant aux mesures composées suivantes, $\frac{12}{2}$ $\frac{9}{4}$ $\frac{9}{8}$ $\frac{6}{8}$.

DE LA MESURE A CINQ TEMPS
ET AUTRES.

7ᵉ Leçon.

207. La mesure **à cinq temps** dont quelques compositeurs ont tiré un heureux parti [1], est une mesure à trois temps alternant avec une mesure à 2 temps. Elle n'est donc qu'une *mesure artificielle*, résultat de la combinaison de différentes mesures. [2]

208. En combinant ainsi différentes mesures, on pourrait également obtenir la mesure à 7 temps. (Une mesure à 4 temps alternant avec une mesure à 3 temps).

209. Et même la mesure à 9 temps. (Une mesure à 4 temps alternant avec une mesure à 3 temps suivie d'une mesure à 2 temps).

210. Dans ces différentes combinaisons, il serait indispensable de subdiviser la mesure par des lignes pointées de séparation, pour indiquer à l'exécutant la position exacte des temps forts.

---

[1] Voyez la stretta de l'air de la Dame blanche (Boïeldieu) et la chanson de Magali de Mireille (Gounod).

[2] L'oreille ne discerne pas avec promptitude ces sortes de mesures, car les temps forts ne se présentent pas à intervalles égaux ; aussi, leur emploi est-il très rare et n'en parlons-nous que pour mémoire.

211. On pourrait chiffrer ces mesures, soit d'après les principes exposés précédemment pour les mesures simples, le chiffre supérieur exprimant le nombre de temps et le chiffre inférieur exprimant la division de la ronde qui forme un temps.(¹)

Soit en chiffrant chaque subdivision de ces mesures.

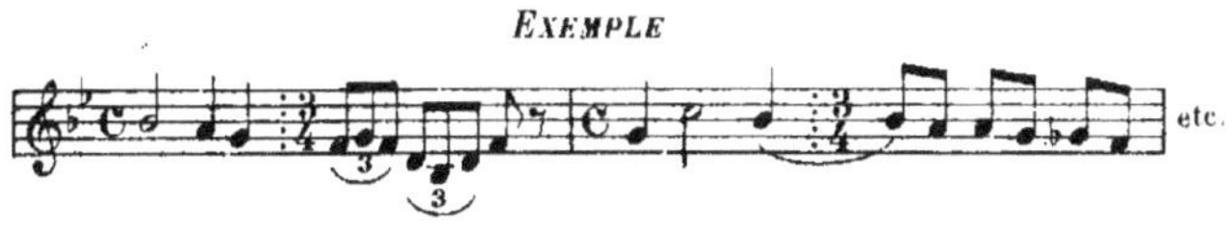

EXERCICES.

1° Chiffrez une mesure à 5 temps ayant une blanche pour chaque temps.
2° Chiffrez une mesure à 7 temps ayant une croche pour chaque temps.
3° Chiffrez une mesure à 9 temps ayant une ronde pour chaque temps.

DU RHYTHME.

8ᵉ Leçon.

212. Le **rhythme** est l'ordre plus ou moins symétrique et caractéristique dans lequel se présentent les différentes durées.(²)

Ce rhythme caractéristique du Boléro, est à 3 temps et formé de : une croche et deux doubles croches pour le premier temps, et deux croches pour chacun des deux temps suivants.

(¹) Pour une mesure à 9 temps, il serait bon d'indiquer que la mesure est simple, afin qu'elle ne puisse être confondue avec la mesure composée à 3 temps dont le numérateur est toujours 9.

(²) Le son et la durée sont les principaux éléments de la musique; mais un chant, une mélodie. ne sont pas plus formés de sons et de durées pris au hasard. qu'une phrase que l'on prononce n'est formée de mots placés à la suite les uns des autres, sans aucun lien grammatical

Des règles spéciales enseignent à coordonner les sons et les durées. mais elles sont du ressort de la composition, et en parler dépasserait le but que nous sommes proposé.

Nous dirons seulement que le rhythme est à la durée, ce que le dessin, le contour mélodique d'une phrase musicale est au son. Quelquefois même le rhythme est plus caractéristique que le contour mélodique: la simple percussion d'un rhythme, abstraction faite du son, peut souvent faire reconnaitre un chant. tandis que l'audition d'un contour mélodique, abstaction faite du rhythme, ne suffirait que rarement pour faire reconnaitre ce même chant.

Le rhythme est le dessin que les différents sons viennent colorer.

213. Le rhythme est une des principales richesses de la musique moderne, et la recherche de rhythmes neufs et originaux est une grande préoccupation pour le compositeur. Ses combinaisons peuvent être variées à l'infini, et les partitions des maîtres abondent en admirables exemples. [1]

214. Parmi les formes rhythmiques, nous en citerons deux fort importantes et qui ont été dénommées, ce sont: **la syncope** et le **contre-temps**.

DE LA SYNCOPE.

215. La **syncope** est un son articulé sur un temps faible ou sur la partie faible d'un temps, et prolongé sur un temps fort ou sur la partie forte d'un temps.

Sons articulés sur le 2e et le 4e temps, (temps faibles), et prolongés sur le 1er et le 3e temps, (temps forts).

Sons articulés sur la 2e partie de chaque temps, (partie faible), et prolongés sur la 1e partie, (partie forte).

216. Lorsque les deux parties de la syncope n'ont pas la même durée, on la nomme **syncope irrégulière**.

EXEMPLES.

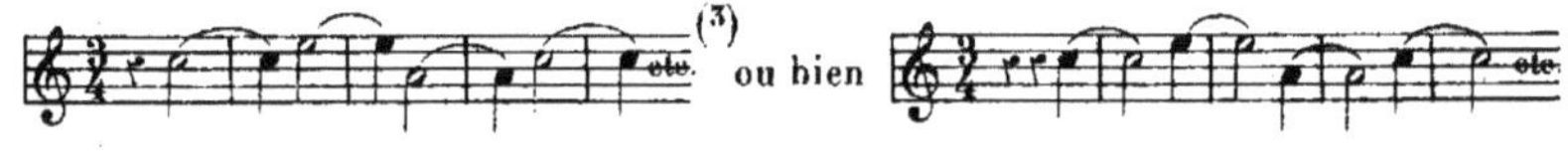

---

[1] Voyez entre autres, le début de l'ouverture de Moïse, que Rossini citait lui-même, comme étant une de ses heureuses trouvailles rhythmiques.

[2] Dans la musique ancienne, on écrivait, en la coupant par la barre de mesure, la note syncopée dont la deuxième partie appartient à la mesure suivante.

EXEMPLE

Mais pour plus de clarté, elle s'écrit aujourd'hui comme ci-dessus, en employant la liaison.

[3] Anciennement cette syncope irrégulière s'écrivait ainsi:

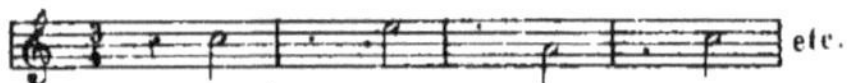

217. La Syncope doit toujours être articulée fortement; elle est donc en réalité *le déplacement du temps fort ou de la partie forte du temps.*

DU CONTRE-TEMPS.

218. Le **contre-temps** est un son articulé sur un temps faible ou sur la partie faible d'un temps, mais ne se prolongeant pas sur le temps fort ou sur la partie forte du temps.

Ce temps fort ou cette partie forte du temps est alors occupé par un silence.

EXEMPLE.

219. Lorsqu'il y a deux temps faibles contre un temps fort, ou deux parties faibles de temps contre une partie forte, le **contre-temps** est **irrégulier.**

EXEMPLE.

Le **Contre-temps** est une forme rhythmique très employée, surtout dans les accompagnements.

EXERCICES.

Variez de plusieurs manières le rhythme des deux fragments suivants.

DU MOUVEMENT.

9ᵉ Leçon.

220. Le **Mouvement** est le degré de lenteur ou de vitesse dans lequel doit être exécuté un morceau de musique.

221. Nous savons que les signes qui expriment des durées (notes ou silences),ont entre eux une valeur relative; que la blanche par exemple vaut la moitié de la ronde, que la noire vaut la moitié de la blanche ou le quart de la ronde, etc. mais aucun de ces signes n'a une durée absolue.

C'est le **mouvement** qui détermine *la durée absolue* de ces différents signes.

222. Il y a une grande variété de mouvements, depuis le plus lent jusqu'au plus vif.

Le mouvement est indiqué par des termes italiens que l'on place au commencement d'un morceau et au-dessus de la portée.

Les termes suivants expriment les principaux mouvements.

TERMES.	ABRÉGÉ.	SIGNIFICATION.
Largo		Large, lent.
Larghetto		Un peu moins lent que largo.
Lento		Lent.
Adagio		Moins lent que lento.
Andante	**And**ᵗᵉ	Modéré (allant).
Andantino	**And**ⁱⁿᵒ	Un peu moins lent que andante.
Allegretto	**All**ᵗᵗᵒ	Un peu moins vif que allegro.
Allegro	**All**ᵒ	Gai, vif.
Presto		Pressé.
Prestissimo	**Prest**ᵐᵒ	Très pressé.

Ex.

223. On peut, à ces termes, en ajouter d'autres qui les modifient ou qui concernent plus particulièrement le *caractère* ou *l'expression* du morceau. Voici les principaux:

Affettuoso	Affectueux.	*Maestoso*	Majestueux.
Agitato	Agité.	*Moderato*	Modéré.
Brioso ou *con brio*	Avec vivacité.	*Mosso*	Animé.
Cantabile	Facile à chanter.	*Risoluto*	Résolu.
Con anima	Avec âme.	*Scherzo* ou *scherzando* ..scherz.	En badinant.
Con espressione	Avec expression.	*Sostenuto*	Soutenu.
Con fuoco	Avec feu.	*Tempo giùsto*	Mouvᵗ juste, précis.
Con moto	Avec mouvement.	*Vivace*	Vivement.
Con spirito	Avec esprit.	*Vivo*	Vif.
Grazioso	Gracieux.		

EXEMPLE.

224. A l'aide des adverbes suivants, on peut obtenir de nouvelles modifications

Poco	Peu.
Poco a poco	Peu à peu.
Un poco più	Un peu plus.
Più	Plus.
Molto più	Beaucoup plus.
Non molto	Pas trop.
Non tanto	Pas autant.
Non troppo	Pas trop.
Assai	Beaucoup, assez.
Molto	Beaucoup.
Quasi	Presque.

EXEMPLE.

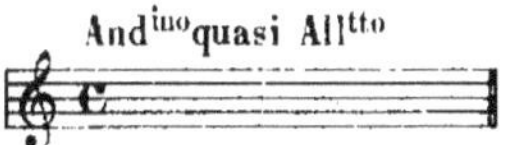

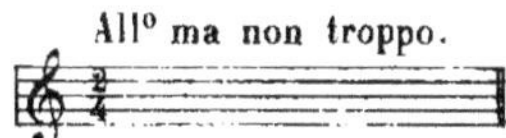

225. Toutes ces indications ne peuvent cependant désigner un mouvement avec exactitude, car la même indication s'applique quelquefois à des mouvements divers. Pour interpréter fidèlement une œuvre, l'exécutant devrait donc posséder un sentiment juste du style de l'auteur, pénétrer en quelque sorte sa pensée, si on n'avait inventé un instrument qui indique avec précision les plus petites différences de vitesse.

DU MÉTRONOME.

226. Cet instrument est le **métronome.** Perfectionné par **Maëlzel,** il est d'un usage presque général aujourd'hui.

En voici une description sommaire:

Derrière la tige d'un balancier supportant un contrepoids mobile, et mis en mouvement par un mécanisme intérieur, se trouve une échelle numérotée. La division de cette échelle est basée sur le nombre d'oscillations que le balancier doit accomplir en une minute; ainsi:

En plaçant le contrepoids à la hauteur du N° 60, le balancier accomplit 60 oscillations à la minute, et par conséquent chacune de ces oscillations dure une seconde.

En abaissant le contre-poids au N° 120, le balancier accomplit 120 oscillations à la minute, et chacune de ces oscillations dure une demi-seconde.

227. L'indication métronomique se place à la suite du terme de mouvement; elle s'exprime par une figure de note, (pointée ou non pointée), suivie d'un numéro dont elle est séparée par un double trait horizontal.

La figure de note est celle qui doit avoir une durée égale à celle d'une oscillation.

Le numéro indique la hauteur à laquelle le contre-poids mobile doit être placé afin que le balancier exécute par minute le nombre voulu d'oscillations.([1])

228. L'observation exacte du mouvement a une très grande importance dans l'interprétation d'une œuvre musicale. Un morceau exécuté trop vite ou trop lentement perdrait son allure, son véritable caractère, et l'intention du compositeur serait ainsi dénaturée.

EXERCICE.

Indiquez la durée absolue de chacune des mesures suivantes.

DE L'ALTÉRATION DU MOUVEMENT
ET DE SA SUSPENSION MOMENTANÉE.

10e Leçon.

229. L'expression d'une phrase musicale peut quelquefois exiger que la marche du mouvement soit modifiée, (animée ou ralentie).

Quelquefois aussi un passage doit ne pas être interprété rigoureusement en mesure.

([1]) Ainsi, l'exemple précédent signifie que le contre-poids mobile étant placé en regard du numéro 108 de l'échelle numérotée, le balancier exécutera 108 oscillations par minute, et que la noire pointée aura une durée égale à celle d'une de ces oscillations.

230. Ces altérations du mouvement ou de la mesure sont indiquées par les expressions suivantes qui se placent dans le courant du morceau.

Pour animer le mouvement.

Animato	Animé.
Accelerando	En accélérant.
Più moto / *Più mosso*	Plus de mouvement.
Stretto	Serré.

Pour ralentir le mouvement.

Rallentando	*rall*	En ralentissant.
Ritardando	*ritard*	En retardant.
Ritenuto	*rit*	En retenant.
Slargando	*slarg*	En élargissant.

Pour suspendre la marche régulière du mouvement.

Ad libitum	*ad libit*	A volonté.
A piacere		A plaisir.
Senza tempo		Sans mesure.

231. Après une altération du mouvement ou de la mesure, le retour au mouvement régulier du morceau s'indique par ces mots:

Tempo / **A Tempo**	En mesure.
1° Tempo	1er mouvement.
Lo stesso tempo	Le même mouvement.

POINT D'ORGUE ET POINT D'ARRÈT.

232. Le mouvement peut aussi être momentanément suspendu.

Cette suspension dont la durée est indéterminée, s'exprime par le signe suivant: ⌢

233. Placé au dessus ou au dessous d'une note, ce signe prend le nom de **point d'orgue**.

Placé au-dessus ou au-dessous d'un silence, il prend le nom de **point d'arrèt**.

Ce signe indique que la durée de cette note ou de ce silence doit être prolongée aussi longtemps que l'exige le bon goût de l'exécutant.

DE LA MANIÈRE DE BATTRE LA MESURE.

11ᵉ Leçon.

234. Battre la mesure, c'est marquer par des signes de la main, l'ordre et la durée de chaque temps.

235. Dans toutes les mesures, le 1ᵉʳ temps, (temps frappé), se bat *en bas*; et le dernier temps, (temps levé), se bat *en haut*.

On bat les différentes mesures de la manière suivante:

MESURE A 2 TEMPS.

Le 1ᵉʳ temps............*en bas.*
Le 2ᵈ — ....*en haut.*

MESURE A 3 TEMPS.

Le 1ᵉʳ temps............*en bas.*
Le 2ᵉ — ....*à droite.*
Le 3ᵉ — ....*en haut.*

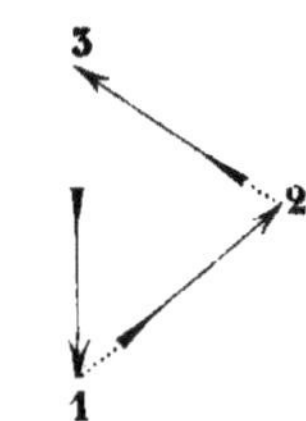

MESURE A 4 TEMPS.

Le 1ᵉʳ temps............*en bas.*
Le 2ᵉ — ....*à gauche.*
Le 3ᵉ — ....*à droite.*
Le 4ᵉ — ....*en haut.*

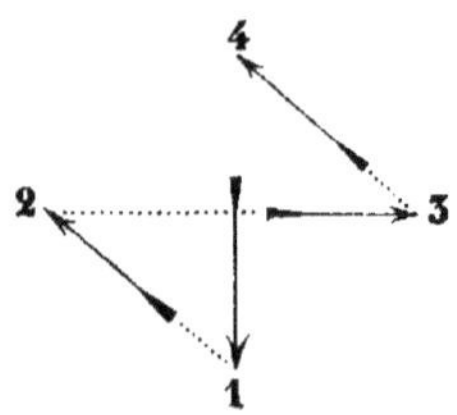

236. Dans les mesures d'un mouvement lent, on peut marquer la division de chaque temps en répétant en raccourci chacun des signes principaux.

Ainsi une mesure à $\frac{9}{8}$ dans le mouvement *Adagio* ou *Larghetto* peut être battue ainsi :

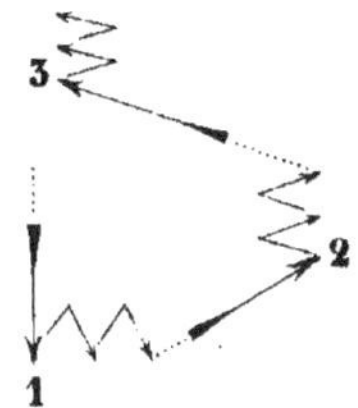

237. Dans la mesure à **2** et à **3** temps d'un mouvement rapide, on ne marque le plus souvent que le 1ᵉʳ temps. Pour cette raison, on dit quelquefois improprement : *mesure à 1 temps*; mais en réalité, *il n'y a pas de mesures à 1 temps.*

DE QUELQUES PARTICULARITÉS
RELATIVES A LA MESURE.

12ᵉ Leçon.

238. Il y a dans la notation quelques particularités concernant la mesure, et qu'il est bon de connaître.

239. 1°_Lorsqu'une mesure est en silence, *quelle que soit la mesure*, on l'indique par *une pause.*

EXEMPLE.

240. 2°_Lorsque 2 ou 4 mesures sont en silence, on les indique par le **bâton de deux pauses** surmonté d'un 2, pour deux mesures.

EXEMPLE.

et par le **bâton de quatre pauses** surmonté d'un 4, pour quatre mesures.

EXEMPLE.

241. 3° Lorsqu'il y a un plus grand nombre de mesures en silence, on place sur la portée le signe ┣━━━┫ surmonté du chiffre indiquant le nombre de mesures de silence.

Indique un silence de 27 mesures. Ce signe s'emploie surtout dans la musique d'orchestre.

242. 4° Lorsque la première mesure d'un morceau commence par des silences, on a l'habitude de les supprimer.

EXEMPLE.

au lieu de

243. 5° La double barre de séparation, indiquant, (ainsi qu'on l'a vu dans la 1ʳᵉ leçon), deux parties distinctes d'un morceau, ou se plaçant devant un changement d'armure de la clé; ou enfin devant un changement des chiffres indicateurs de la mesure, peut quelquefois être placée *dans le courant* d'une mesure.

Elle n'a plus alors aucune signification au sujet de la mesure, et, à ce point de vue, doit être considérée comme n'existant pas. (Elle n'est plus *barre de mesure* mais seulement *barre de séparation*.)

EXEMPLES.

Double barre indiquant deux parties distinctes d'un même morceau.

Double barre placée devant un changement d'armure de la clé.

Double barre placée devant un changement des chiffres indicateurs de la mesure.

FIN DE LA QUATRIÈME PARTIE.

CINQUIÈME PARTIE.

PRINCIPES GÉNÉRAUX DE L'EXÉCUTION MUSICALE.

244. Nous connaissons maintenant les signes employés dans la notation, ainsi que les règles qui les régissent, tant sous le rapport de l'intonation que sous celui de la durée. Ces signes suffisent à la lecture musicale.

Cependant, l'exécution d'une œuvre de musique serait terne et froide si elle n'était animée, colorée, vivifiée en quelque sorte par l'interprète, qui, s'identifiant avec la pensée de l'auteur, donne à cette œuvre l'expression qui lui est propre.

L'expression comprend: le *phrasé*, l'*accentuation*, la *nuance* et le *caractère*.

DU PHRASÉ.

1re Leçon.

245. Le **phrasé** est l'observation exacte de la ponctuation musicale.

246. Toute composition, de même que le discours, se divise en périodes ou phrases, et en membres de périodes (ou de phrases.)

Un membre de période est composé d'une seule ou de plusieurs petites idées mélodiques prenant le nom de *dessin mélodique*.

Une *période* est composée de plusieurs membres de période dont la réunion doit former un tout complet, un sens terminé. (¹)

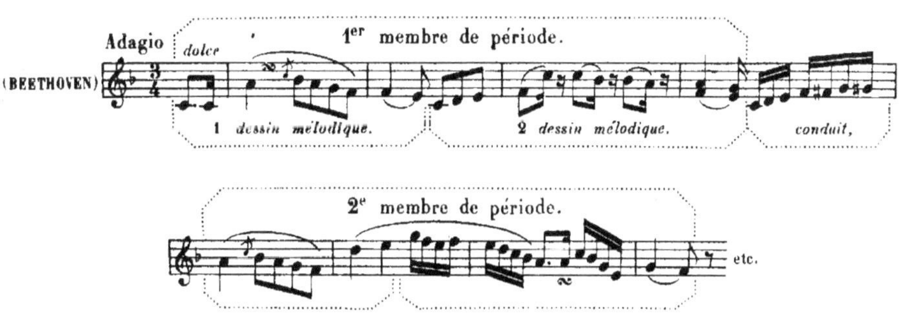

EXEMPLE D'UNE PÉRIODE.

(¹) Si l'on ponctuait la musique ainsi que le discours, après un membre de période, on placerait la virgule, le point et virgule, les deux points, etc. selon le sens qu'il présenterait: après la période, on placerait le point.

247. Les périodes, et même les membres de période sont souvent séparés par des silences de courte durée, alors il est facile de les reconnaître. Mais, lorsque ces périodes, ou ces membres de période ne sont pas suivis de silence, il faut les analyser avec attention, car il n'y a aucun signe musical pour en indiquer le commencement ni la fin. (¹)

248. Bien phraser, bien ponctuer un morceau de musique, c'est faire sentir avec art le commencement, le développement et la fin des périodes et des membres de période.

Un bon *phrasé* jette de la clarté sur toutes les parties d'une composition, et, par cela même, est la première des qualités que comprend l'expression; car pour intéresser ou émouvoir on doit être compris, et pour être compris, il faut être clair.

<h3 style="text-align:center">DE L'ACCENTUATION.</h3>

2ᵉ Leçon.

249. Certaines notes dans une phrase musicale doivent, ainsi que les différentes syllabes d'un mot, être accentuées avec plus ou moins de force, porter une inflexion particulière.

Cette accentuation, cette inflexion particulière qui donne du relief à la phrase musicale, qui la fait ressortir et soutient l'attention de l'auditeur, s'indique au moyen de signes ou de termes italiens que nous allons faire connaitre.

<h3 style="text-align:center">SIGNES D'ACCENTUATION</h3>

250. La **liaison** ou **coulé** ⌒ se place sur une suite de notes différentes et indique qu'il faut les lier entre elles et en soutenir le son. (²)

EXEMPLE.

251. La *liaison* placée entre deux notes de sons différents, indique qu'il faut appuyer la première et laisser expirer la seconde comme une syllabe muette.

EXEMPLE.

(¹) On reconnait facilement la ponctuation musicale au moyen des cadences, mais pour cela, il faut avoir des notions d'harmonie.

La connaissance de l'harmonie, dont l'étude prend de plus en plus d'extension, est non seulement indispensable au compositeur, mais encore très utile à l'exécutant, puisqu'elle lui permet d'analyser jusque dans ses plus petits détails toute composition musicale.

(²) La liaison indique, pour les instruments à cordes, que ces notes doivent être exécutées d'un seul coup d'archet, et, pour les voix, d'une seule émission.

252. Le **point** se place au-dessus ou au-dessous des notes et indique qu'elles doivent être détachées. Ces notes seront détachées avec plus ou moins de légèreté, selon que le mouvement sera plus vif ou plus lent.

253. Le **point allongé** se place également au-dessus ou au-dessous des notes; on dit alors qu'elles sont *piquées*. Il indique qu'elles doivent être détachées avec vivacité et en même temps attaquées d'une façon incisive.

254. Le **point** et la **liaison**, combinés ensemble, indiquent que les notes doivent être seulement séparées les unes des autres et posées un peu lourdement; on dit alors que les notes sont *portées*. ([1])

255. Lorsque une ou plusieurs notes doivent être accentuées plus fortement que celles qui les précèdent ou qui les suivent, on indique cette accentuation par le signe suivant Λ que l'on place au-dessus ou au-dessous des notes.

256. Le signe suivant > qui se place également au-dessus ou au-dessous des notes, indique une accentuation plus forte suivie immédiatement d'une diminution de sonorité.

([1]) Pour les instruments à cordes, cette accentuation se nomme *staccato*, elle indique le détaché exécuté d'un seul coup d'archet.

257. L'arpège, (de *harpa*, harpe), représenté par le signe suivant ⟨ qui se place devant un accord, indique qu'il faut attaquer avec rapidité et successivement les notes de cet accord, en commençant par la plus grave.. ([1])

258. TERMES D'ACCENTUATION.

TERMES.	ABRÉVIATIONS.	SIGNIFICATIONS.
Forte piano	*fp*	Fort la 1re note et faible la suivante.
Piano forte	*pf*	Faible la 1re note et fort la suivante.
Legato	*Leg*	Lié (accompagne ou remplace le signe de la liaison.)
Legatissimo	*Leg^{ssimo}*	Le plus lié possible.
Leggiero	*Legg*	Léger.
Marcato	*Marc*	Marqué.
Pesante	*Pes*	Pesant, lourd.
Rinforzando	*Rinf* ou *Rfz*	En renforçant le son.
Sforzando	*Sfz*	En donnant tout à coup plus de force.
Sostenuto	*Sost*	Le son bien soutenu.
Staccato	*Stacc*	Détaché.
Tenuto	*Ten*	En tenant le son.

Ces diverses indications doivent être soigneusement observées. Elles se rattachent au phrasé, contribuent à exprimer fidèlement la pensée du compositeur et à lui donner sa véritable expression.

([1]) Ce signe s'applique aux instruments à clavier. A l'exception de celui-ci, nous n'avons indiqué ni les signes ni les termes qui sont affectés particulièrement à un instrument; tels que, par exemple, le 0 qui placé au-dessus d'une note, indique, pour les instruments à cordes, la corde à vide; *con sordini*, *pizzicato*, etc. On les trouvera dans les méthodes spéciales de ces instruments.

DES NUANCES.

3e Leçon.

259. On nomme **nuances** les différents degrés de force par lesquels peuvent passer un ou plusieurs sons, un trait ou un morceau entier.

On les indique par des signes et par des termes italiens que nous allons faire connaître.

SIGNES DE NUANCES.

260. __________ Ce signe indique qu'il faut augmenter graduellement la force du son.

__________ Ce signe indique qu'il faut diminuer graduellement la force du son.

__________ Ce signe indique qu'il faut d'abord augmenter, puis diminuer la force du son.

Lorsque ce dernier signe s'applique à un seul son, il faut le commencer très faiblement, l'enfler graduellement jusqu'à la moitié de sa durée, puis le diminuer dans la même proportion; c'est ce qu'on appelle *filer un son.*

TERMES DE NUANCES.

261. Le son peut être faible ou fort; le premier s'exprime par le terme *piano*; le second, par le terme *forte*.

Mais le *piano* et le *forte* peuvent avoir plusieurs degrés d'intensité; ces gradations sont exprimées ainsi:

TERMES.	ABRÉVIATIONS.	SIGNIFICATIONS.
Pianissimo	**pp.**	Très faible.
Piano	**p.**	Faible.
Mezzo piano	**mp.**	Moitié faible.
Un poco piano	*poco* **p.**	Un peu faible.
Sotto voce	*sot. v.*	A demi-voix.
Mezza voce	*mez. v.*	
Un poco forte	*poco* **f.**	Un peu fort.
Mezzo forte	**mf.**	A demi fort.
Forte	**f.**	Fort.
Fortissimo	**ff.**	Très fort.

262. Pour augmenter ou diminuer graduellement la force d'un ou de plusieurs sons, on emploie les termes suivants.

TERMES.	ABRÉVIATIONS.	SIGNIFICATIONS.
Crescendo	*Cres.*	En croissant, en augmentant.
Decrescendo	*Decres.*	En décroissant.
Diminuendo	*Dim.*	En diminuant.
Calando	*Cal.*	
Morendo	*Mor.*	En mourant.
Perdendosi	*Perd.*	En laissant perdre le son.
Smorzando	*Smorz.*	En laissant éteindre le son.

263. Les *nuances* sont à la musique ce que sont à la peinture les gradations et les oppositions d'ombre et de lumière. Non seulement elles doivent être observées avec le plus grand soin, mais encore, si elles ne sont pas indiquées, c'est au sentiment de l'artiste à suppléer a leur absence.

DU CARACTÈRE.

4ᵉ Leçon.

264. Le **caractère** est la teinte générale donnée à l'expression d'un morceau. Chaque partie du morceau, ou même chacune de ses périodes, peut avoir une expression particulière.

265. L'interprète habile doit savoir exprimer les sentiments les plus divers: le calme, la passion, la douleur ou la joie. Mais, pour cela, toutes les ressources du mécanisme, (indispensables cependant), ne suffisent pas, si l'artiste n'est lui-même inspiré, ému, et s'il ne trouve en son âme les sensations qu'il veut faire éprouver à celui qui l'écoute.

266. Le caractère tracé par le compositeur est, ainsi que l'accentuation et les nuances, indiqué par des termes italiens.

Quelques uns de ces termes, ceux qui ont rapport à la teinte générale, s'adjoignent souvent, ainsi qu'on l'a vu, [1] aux termes de mouvement que l'on place au commencement du morceau.

D'autres se rapportent plutòt aux périodes ou aux menbres de périodes, et se placent dans le courant du morceau.

Voici les principaux:

TERMES.	SIGNIFICATIONS.	TERMES.	SIGNIFICATIONS.
Amabile	Aimable.	*Brillante*	Brillant.
Amoroso	Amoureux.	*Capriccioso*	Capricieux.
Appassionnato	Passionné.	*Con allegrezza*	Avec allegresse.
Ardito	Hardi.	*Con bravura*	Avec bravoure, hardiesse.

---

[1] 4ᵉ Partie, 9ᵉ Leçon, § 223

TERMES.	SIGNIFICATIONS.	TERMES	SIGNIFICATIONS.
Con delicatezza	Avec délicatesse.	*Giocoso*	Gai, badin, plaisant.
Con dolore	Avec douleur.	*Imperioso*	Impérieux.
Con grazia	Avec grâce.	*Innocente*	Innocent.
Con gusto	Avec goût.	*Lagrimoso*	Eploré.
Con tenerezza	Avec tendresse.	*Malinconico*	Mélancolique.
Delicatamente	Délicatement.	*Mesto*	Chagrin, triste.
Delicato	Délicat.	*Nobile*	Noble.
Disperato	Désespéré.	*Patetico*	Pathétique.
Dolce	Doux.	*Pomposo*	Pompeux.
Dolcissimo	Très doux.	*Religioso*	Religieux.
Doloroso	Douloureux.	*Rustico*	Rustique, champêtre.
Drammatico	Dramatique.	*Semplice*	Simple.
Energico	Energique.	*Teneramente*	Tendrement.
Espressivo	Espressif.	*Tranquillo*	Tranquille.
Furioso	Furieux.		

267. Nous ne saurions mieux terminer cette cinquième partie consacrée à l'exécution musicale, qu'en laissant la parole à un illustre artiste, à P. BAILLOT, qui, dans sa fameuse méthode de violon, dit, parlant du GÉNIE D'EXÉCUTION: «C'est lui «qui saisit d'un coup d'œil les différents caractères de la musique, qui, par une ins- «piration soudaine, s'identifie avec le génie du compositeur, le suit dans toutes «ses intentions et les fait connaître avec autant de facilité que de précision, qui «va jusqu'à pressentir les effets pour les faire briller avec plus d'éclat, qui don- «ne au jeu d'un instrument cette couleur qui convient au genre d'un auteur; qui «sait joindre la grâce au sentiment, la naïveté à la grâce, la force à la douceur, «et marquer toutes les nuances qui déterminent les oppositions: passer tout à «coup à une expression différente, se plier à tous les styles, à tous les accents; «faire sentir sans affectation les passages les plus saillants, et jeter un voile a- «droit sur les plus vulgaires; se pénétrer du génie d'un morceau jusqu'à lui prê- «ter des charmes que rien n'indique, aller même jusqu'à créer des effets que l'au- «teur abandonne souvent à l'instinct; tout traduire, tout animer, faire passer «dans l'âme de l'auditeur le sentiment que le compositeur avait dans la sienne; «faire revivre les grands génies des siècles passés, et rendre enfin leurs subli- «mes accents avec l'enthousiasme qui convient à ce langage noble et touchant, «qu'on a si bien nommé, ainsi que la poësie, le langage des Dieux.»

Aucune de ces leçons n'est suivie d'un exercice spécial, mais nous recommandons vivement de lire, d'exécuter et d'analyser les œuvres des Maîtres; non seulement ce travail forme le goût, mais il développe encore toutes les qualités qu'un bon musicien doit posséder.

FIN DE LA CINQUIÈME PARTIE.

COMPLÉMENT.

ORNEMENTS — ABRÉVIATIONS.

Pour compléter l'étude des principes de la musique, il nous reste à faire connaître les *ornements* qu'on peut introduire dans un morceau, et les *abréviations* qui s'emploient, surtout dans la musique instrumentale.

DES ORNEMENTS.

268. Les **ornements** ajoutés à une composition musicale, peuvent lui donner plus de variété, ou en augmenter la grâce et même la vigueur.

Les *ornements*, qu'on nomme aussi *notes d'agrément, notes de goût* ou *broderies*, s'écrivent en notes très petites, ou s'indiquent par des signes.

Ils se placent devant ou après les notes principales [1], et ne comptent jamais dans la mesure: *ils empruntent leur valeur à celle de la note principale qui les précède ou à celle de la note qui les suit.*

Les principaux ornements sont:

L' **appogiature.**

Le **grupetto.**

Le **trille.**

Le **mordant.**

La **fioriture** nommée aussi **cadenza** ou **point d'orgue.**

DE L'APPOGIATURE.

269. L'**appogiature,** (de l'italien *appogiare*, appuyer,) se place devant une note principale et à un degré (ton ou demi-ton) au-dessus ou au-dessous.[2] Elle s'écrit en petites notes et sa valeur doit être empruntée à celle de cette note principale.

Dans l'exécution, l'*appogiature* doit, ainsi que son nom l'indique, être appuyée plus fortement que la note qui la suit.

---

[1] Nous nommons, *note principale*, toute note du morceau à laquelle un ornement est accolé.

[2] Harmoniquement « l'appogiature est une note étrangère placée à un degré au-dessus ou au-dessous d'une note de l'harmonie dont elle prend momentanément la place » (F. Bazin. Traité d'Harmonie.)

La durée de l'*appogiature* dépend du caractère du morceau; toutefois, elle est ordinairement égale à celle de la note principale à laquelle elle est affectée.

EXEMPLE.

La durée de l'*appogiature* peut aussi être égale au deux tiers de la note principale, si celle-ci est pointée.

EXEMPLE.

En général, la figure de l'*appogiature* exprime la durée qu'elle doit avoir. [1]

DE L'APPOGIATURE DOUBLE.

270. **L'appogiature double** consiste en deux notes dont l'une est à un degré au-dessus et l'autre à un degré au-dessous de la note principale.

La valeur de l'*appogiature double* est également empruntée à celle de la note principale qui la suit. Selon le mouvement et le caractère du morceau, elle peut être exécutée avec plus ou moins de rapidité; soit de la manière suivante:

EXEMPLE.

---

[1] Autrefois on écrivait toujours l'appogiature en petites notes, mais aujourd'hui on l'écrit le plus souvent en notes de grandeur ordinaire; nous n'avons pas à nous occuper de ces dernières, puisqu'elles doivent être exécutées comme elles sont écrites.

DE L'APPOGIATURE BRÈVE.

271. L'**appogiature brève** doit être exécutée très rapidement.

Elle se présente sous la figure d'une croche dont le crochet est traversé par une petite ligne oblique. Sa valeur est aussi empruntée à celle de la note principale qui la suit.

DU GRUPETTO.

272. Le **grupetto** est un groupe de trois ou quatre notes, suivant ou précédant la note principale.

Il s'écrit en petites notes, ou s'indique par l'un des deux signes suivants ∾ - ∾.

Lorsque le premier crochet est en l'air, (∾) il faut commencer le *grupetto* par la note supérieure.

Lorsque le premier crochet est en bas, (∾) il faut commencer le *grupetto* par la note inférieure. (¹)

273. Voici les différentes manières d'exécuter le *grupetto*.

1° Lorsque le signe indicatif est placé au-dessus d'une note, le *grupetto* est de trois notes; il s'exécute avant la note principale et sa valeur doit lui être empruntée. (²)

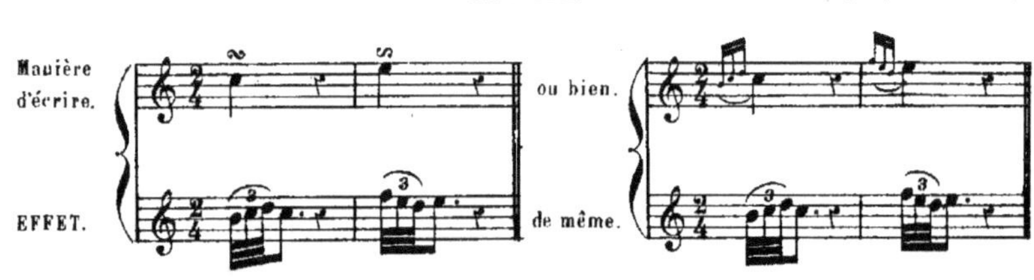

(¹) Autrefois cette différence était observée avec un grand soin. Aujourd'hui on emploie seulement celui-ci, ∾, (ce qui est regrettable) soit que le grupetto commence par la note inférieure, soit qu'il commence par la note supérieure.

(²) Harmoniquement, ce grupetto est considéré comme une *appogiature double* avec note de passage.

2° Quand le signe indicatif est placé entre deux notes différentes, le *grupetto* s'exécute avant la seconde note, et sa valeur doit être empruntée à celle de la première. (il est alors composé de quatre notes.)

3° Lorsque le *grupetto* est placé après une note pointée ou entre deux notes de même son, il doit être exécuté ainsi:

Si la note supérieure du *grupetto* devait être altérée; on placerait l'accident au-dessus du signe; on le placerait au-dessous pour l'altération de la note inférieure. Enfin, si les deux notes devaient être altérées, on placerait un accident au-dessus du signe et un autre au-dessous.

274. Dans un passage d'un mouvement animé, le *grupetto* doit être exécuté rapidement et contribuer à accentuer le rhythme; mais dans un chant d'un caractère large, il doit être plus soutenu.

DU TRILLE.

275. Le **trille** consiste dans les battements alternatifs et rapides de deux notes conjointes; la note écrite est toujours la plus grave.

276. Le *trille* s'indique par les lettres *tr*; souvent on fait suivre ces lettres du signe suivant. ⌇⌇⌇⌇⌇

Lorsque la note supérieure du *trille* doit être altérée, on place l'accident sous les lettres *tr*: indication du trille.

277. Le *trille* présente trois parties: la *préparation*, les *battements* et la *terminaison*.

Il y a trois préparations principales; chacune d'elles est indiquée par une petite note.

La première consiste à commencer le trille par la note écrite, au-dessus de laquelle le trille est indiqué. (Pour cette préparation on supprime quelquefois la petite note.)

La deuxième consiste à commencer le trille par la note supérieure à la note écrite.

La troisième consiste à commencer le trille par la note inférieure à la note écrite.

278. Il y a également différentes terminaisons qui s'indiquent aussi par des petites notes.

279. Il faut terminer le *trille* dans le même mouvement que les battements. Cependant, dans les *Adagio*, on peut en ralentir la terminaison.

Le *trille* doit toujours être exécuté avec une grande égalité; brillant dans les morceaux d'un mouvement rapide, il doit être oncteux dans ceux d'un mouvement lent.

DU MORDANT.

280. Le **mordant** est un battement très rapide de deux notes conjointes.

La première de ces notes est la même que la note principale à laquelle le *mordant* est affecté ; la seconde est le degré supérieur (soit à un ton, soit à un demi-ton).

281. Le *mordant* s'écrit en petites notes, ou s'indique par le signe suivant ⁓. Il emprunte sa valeur à celle de la note principale.

Le *mordant* doit être exécuté avec netteté et d'une manière incisive.

DE LA FIORITURE.

282. La **fioriture** est un trait que l'exécutant introduit quelquefois pendant la suspension de mesure indiquée par le point d'orgue; alors elle prend aussi le nom de *cadenza* ou celui de *point d'orgue* (¹).

283. Ce trait est presque toujours noté par le compositeur, (il s'écrit en petites notes). Mais l'exécutant le modifie souvent de façon à mettre en relief les qualités qu'il possède, les difficultés vaincues dans lesquelles il excelle ou, dans la musique vocale, pour mieux l'approprier à l'étendue de sa voix.

284. Ce trait n'est jamais mesuré, c'est au goût de l'exécutant d'en déterminer, selon le caractère du morceau, le mouvement et l'expression.

285. La *fioriture* peut se placer aussi dans le courant d'un morceau, sans qu'il soit nécessaire qu'il y ait un point d'orgue.

286. La *fioriture* emprunte alors sa valeur à la note principale qui la précède, et s'exécute sans que le mouvement soit altéré.

(¹) Ces deux dénominations sont impropres, elles proviennent de ce que ce trait précède ordinairement une cadence, ou de ce qu'il est exécuté pendant le repos imposé par le point d'orgue.

DES ABRÉVIATIONS.

287. Dans la notation on emploie souvent des abréviations, surtout pour la musique instrumentale.

Nous allons indiquer celles qui se rencontrent le plus souvent.

DES BARRES DE REPRISE.

288. On a vu (¹) que la double barre de séparation indiquait la fin d'un morceau, ou d'une de ses parties principales; une de ces parties prend le nom de **reprise** si elle doit être exécutée deux fois.

289. On indique la reprise par deux points placés auprès de la double barre de séparation, et il faut répéter la partie qui se trouve de leur côté; ainsi, si les deux points sont à la gauche de la double barre, on doit répéter la partie qui vient d'être exécutée.

290. Si les deux points sont à la droite de la double barre, on devra répéter la partie qu'on va exécuter.

291. Souvent lorsqu'une partie est précédée et suivie de la double barre, on place le signe de reprise avant et après cette partie.

292. Deux reprises consécutives s'indiquent par deux points de chaque côté des barres.

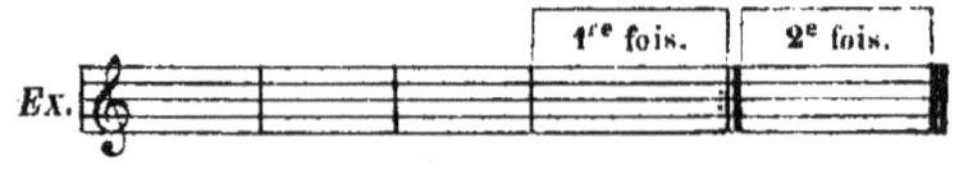

293. Si dans la répétition d'une partie on devait remplacer une ou plusieurs mesures par une ou plusieurs autres mesures, on l'indiquerait ainsi.

DU RENVOI.

294. Le **renvoi** est un signe, qui, lorsqu'il se présente pour la seconde fois, indique qu'il faut retourner à l'endroit où il s'est déjà montré et, de cet endroit, continuer l'exécution jusqu'au mot *fin*.

(¹). 4e Partie. 1re Leçon.

295. Voici les différentes figures de renvoi. La première de ces figures est presqu'exclusivement employée.

296. Lorsque le *renvoi* indique qu'il faut revenir au commencement du morceau, ce renvoi est ordinairement accompagné des mots *DA CAPO*, ou par abréviation *D.C.*, (de la tête, du commencement).

297. Lorsqu'on reprend un morceau au commencement, et que une ou plusieurs *reprises* se trouvent jusqu'à la fin, *chacune de ces reprises ne doit plus être exécutée qu'une seule fois.*

ABRÉVIATIONS DIVERSES.

298. Voici les *abréviations* qui après les reprises et le renvoi sont les plus usitées.

NOTES.

NOTE (*a*). —Page 4.

Le *son* est une sensation produite sur l'organe de l'ouïe par le mouvement vibratoire des corps sonores.

Le *son musical* se distingue du *bruit*, en ce que l'on peut en mesurer exactement la hauteur, tandis qu'on ne peut apprécier la valeur musicale d'un bruit.

Le *son musical* possède trois qualités spéciales: la *hauteur*, l'*intensité* et le *timbre*.

La *hauteur* est le résultat du plus ou moins grand nombre de vibrations produites dans un temps donné; plus il y a de vibrations, plus le son est aigu.

L'*intensité*, ou la force du son, dépend de l'amplitude des vibrations.

Le *timbre* est cette qualité particulière du son, qui fait que deux instruments différents ne peuvent être confondus entre eux, quoique produisant chacun un son de même hauteur et de même intensité. L'oreille la moins exercée distingue facilement le timbre d'un violon de celui d'une trompette ou d'un hautbois. La cause du timbre n'est pas encore bien connue.

NOTE (*b*). —Page 9.

Le nom des *six* premières notes -*UT* - *RÉ* - *MI* - *FA* - *SOL* - *LA* - est tiré de la première strophe de l'hymne à *St Jean-Baptiste* dont voici le chant.

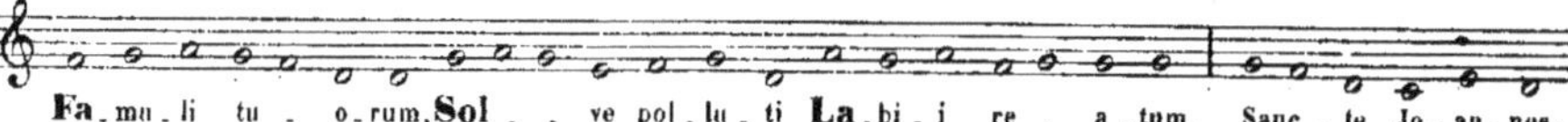

Cette désignation syllabique fut imaginée comme moyen mnémonique par *Guido* ou *Gui*, moine de l'Abbaye de Pompose, qui naquit à *Arezzo* en *Toscane* vers la fin du Xe siècle.(2)

Auparavant les notes étaient désignées par des caractères alphabétiques.

A	**B**	**C**	**D**	**E**	**F**	**G**
la	*si*	*ut*	*ré*	*mi*	*fa*	*sol*

NOTE (*c*). —Page 11.

La portée de cinq lignes, seule en usage dans la notation moderne, n'est qu'un fragment de la portée générale de onze lignes (portée fictive) sur laquelle on pourrait placer presque tous les sons contenus dans la voix humaine, depuis la plus grave jusqu'à la plus aigüe.

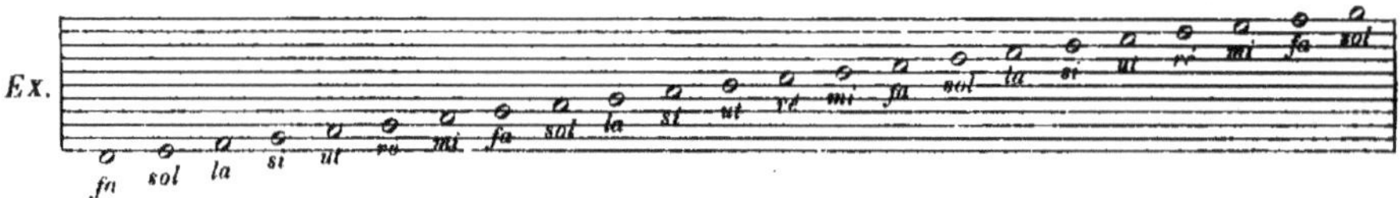

---

(1) J.-J. Rousseau. Dictionnaire de musique.

(2) Les Italiens ont substitué, pour solfier, la syllabe *do* à la syllabe *ut*, dont ils trouvaient le son trop sourd. Cet usage s'est également établi en France.

La lecture de cette portée générale eut été difficile, sinon impossible; et de plus chaque voix ayant une étendue plus restreinte, une partie de cette portée lui eût été inutile.

On attribua donc à chaque voix le fragment de cette portée qui lui était particulièrement spécial, et ce fragment fut régulièrement formé de cinq lignes voisines.

Mais alors, il devint nécessaire d'avoir un moyen pour reconnaître les divers fragments de la portée générale. Dans ce but, on plaça au commencement de la portée et sur la sixième ligne qui porte l'*ut*, le caractère alphabétique C qui représente cette note (1), puis pour que les cinq lignes inférieures ou supérieures détachées de cette portée aient également un signe de reconnaissance, on plaça sur la 4ᵉ ligne, qui porte le *fa*, la lettre F qui représente cette note et enfin sur la 8ᵉ ligne, portant le *sol*, la lettre G par laquelle cette note est représentée.

Ces caractères sans lesquelles on ne pourrait reconnaître la position des notes, prirent par métaphore le nom de *clés*, et leurs figures modifiées peu à peu sont devenues telles que nous les connaissons aujourd'hui.

Le tableau suivant, qui indique le rapport des clés entre elles, présente les divers fragments de la portée générale et les différentes positions des clés sur chacun de ces fragments.

CLÉ DE FA — CLÉ D'UT — CLÉ DE SOL

sur la 4ᵉ ligne. — sur la 3ᵉ ligne. — sur la 4ᵉ ligne. — sur la 3ᵉ ligne. — sur la 2ᵉ ligne. — sur la 1ʳᵉ ligne. — sur la 2ᵉ ligne. — sur la 1ʳᵉ ligne.

PORTÉE GÉNÉRALE.

Pour cette dernière clé sur la 1ʳᵉ ligne, il faut ajouter au-dessus une grande ligne supplémentaire.

NOTE (*d*).—Page 12.

Le rapport des sons entre eux se règle au moyen d'un petit instrument nommé *diapason* et produisant un son invariable.

Ce son type est le *la* qui, en clé de sol 2ᵉ ligne, se place dans le deuxième interligne de la portée.

Pour des causes diverses, le son du diapason tendant à devenir de plus en plus aigu, Mᵣ le Ministre d'Etat réunit une commission qu'il chargea d'établir en France un diapason musical uniforme.

Cette commission composée de: MMʳˢ J. Pelletier, Conseiller d'Etat, Secrétaire général du Ministère d'Etat, *Président*: F. Halévy, Membre de l'Institut, Secrétaire perpétuel de l'Académie des Beaux-Arts, *Rapporteur*; Auber, M. de l'Institut, Directeur du Conservatoire de Musique et de Déclamation; Ambroise Thomas, M. de l'Institut; Berlioz, M. de l'Institut; Desprez, M. de l'Institut, Professeur de Physique à la Faculté des Sciences; Camille Doucet, M. de l'Institut, Chef de la division des Théâtres au Ministère d'Etat; Lissajous, Professeur de Physique au Lycée Sᵗ Louis; Général Mellinet, chargé de l'organisation des musiques militaires; Meyerbeer, M. de l'Institut; Edouard Monnais, Commissaire imp. près les Théâtres lyriques et le Conservatoire; Rossini, M. de l'Institut, présenta son rapport, le 1ᵉʳ Février 1859.

Conformément à ses conclusions, il fut arrêté qu'il serait adopté un *diapason normal* obligatoire pour tous les établissements musicaux de France autorisés par l'Etat. Ce diapason donne 870 vibrations par seconde. L'étalon en est déposé au Conservatoire de Musique.

NOTE (*e*).—Page 16.

Les *deux portées* en usage pour écrire la musique de Piano, d'Orgue et de Harpe, ne sont autres

---

(1) Revoir la fin de la note (*b*).

que la *portée générale* dont il a été question dans la note c, moins la ligne du milieu.

Les sons aigus (joués par la main droite) sont écrits sur les cinq lignes supérieures — clé de sol 2e ligne —. Les sons graves (joués par la main gauche) sont écrits sur les cinq lignes inférieures — clé de fa 4e ligne.

Quant à la ligne du milieu de la *portée générale*, elle correspond à la première ligne additionnelle qui se place au-dessous de la portée supérieure, et au-dessus de la portée inférieure.

NOTE (f). — Page 19.

Les *altérations accidentelles* ou *accidents* ont sur les notes un effet absolu; c'est-à-dire qu'une note à laquelle un accident est affecté est toujours, quelle que soit son altération précédente, ce qu'indique cet accident. Ainsi: une note affectée précédemment d'un double dièse, se présentant précédée d'un bécarre, sera rendue *inaltérée*; cette même note précédée d'un simple dièse, sera rendue *simplement diésée*.

NOTE (g). — Page 34.

Pour maintenir à la *quarte* et à la *quinte* la qualification de *juste*, nous nous appuyons aussi sur l'opinion de Mr Henri Réber, dont la parole fait autorité, et qui, dans son traité d'harmonie, dit (page 4, note **) « on n'a pas jugé à propos d'adopter dans cet ouvrage les dénominations de « quinte *majeure* pour la quinte juste, et de quarte *mineure* pour la quarte juste; ces qualifications « nouvelles ne sont pas généralement adoptées en France et n'offrent d'ailleurs aucun avantage; « cette dernière considération doit toujours faire donner la préférence à la tradition. »

NOTE (h). — Page 36.

Pour connaître la composition d'un intervalle redoublé, il faut: à la composition de l'intervalle simple dont cet intervalle redoublé émane, ajouter autant de fois 5 tons et 2 demi-tons diatoniques (composition de l'octave juste) que le redoublement contient d'octaves.

Ainsi: la *douzième juste* étant une *quinte juste* redoublée à une octave, il faut:

à la composition de la *quinte juste* qui est de 3 tons et 1 demi-ton diatonique,

ajouter la composition de l'*octave juste*, soit: 5 tons et 2 demi-tons diatoniques.

La *douzième juste* contient donc, 8 tons et 3 demi-tons diatoniques.

La *dix-septième majeure* étant une *tierce majeure* redoublée à deux octaves, il faut:

à la composition de la *tierce majeure* qui est de......... 2 tons,

ajouter deux fois la composition de l'*octave juste*, soit: 10 tons et 4 demi-tons diatoniques.

La *dix-septième majeure* contient donc, 12 tons et 4 demi-tons diatoniques.

NOTE (i). — Page 43.

En adoptant cette théorie de la génération de la gamme, basée sur la résonnance naturelle du corps sonore, nous n'avons pas voulu prétendre que notre gamme fût créée *a posteriori* d'après ce principe, ou même qu'elle fût la seule possible. Les orientaux possèdent des gammes d'une construction différente; les *modes* du plain-chant offrent aussi des dispositions diverses dans la succession des tons et des demi-tons.

Nous avons choisi parmi les systèmes qui cherchent à expliquer la raison d'être de notre tonalité moderne, celui qui offrait le plus de probabilités, en même temps que l'unité qui en rattache toutes les parties et en forme un *tout* émanant du même principe.

NOTE (*j*). — Page 77.

La transposition de 1 demi-ton chromatique au-dessus ou au-dessous est des plus simples; pour l'opérer *on ne change pas de clé*, on doit seulement supposer à la clé l'armure du ton dans lequel on transpose.

Ainsi, pour transposer en *réb majeur* un morceau écrit en *ré majeur*, il suffit de substituer aux 2 dièses, (armure de *ré majeur*) 5 bémols, (armure de *réb majeur*). — Pour transposer en *ut ♯ mineur* un morceau écrit en *ut mineur*, il suffit de substituer aux 3 bémols, (armure de *ut mineur*) 4 dièses, (armure de *ut ♯ mineur*).

Dans cette transposition, il y a toujours une différence de 7 altérations entre l'armure du morceau écrit, et l'armure du morceau transposé; par conséquent et d'accord avec la *règle 1re* (§ 175), si le ton dans lequel on transpose prenait *plus de dièses* ou *moins de bémols*, toutes les *altérations accidentelles s'exécuteraient à un demi-ton chromatique au-dessus*. De même, et d'accord avec la *règle 2e* (§ 176), si le ton dans lequel on transpose prenait *plus de bémols* ou *moins de dièses*, toutes *les altérations accidentelles s'exécuteraient à un demi-ton au-dessous*.

Cette transposition peut amener une difficulté nouvelle. Cette difficulté consisterait à être entraîné dans un ton contenant des *doubles dièses* ou des *doubles bémols*, et par conséquent d'une exécution difficile, surtout sur un instrument.

Ainsi, un morceau en *si majeur* contenant une modulation persistante en *mib majeur*, donnerait par la transposition à 1 demi-ton chromatique au-dessous, le ton de *sib majeur* modulant en *mibb majeur*.

Il serait bon alors d'employer la *tranposition enharmonique*, c'est-à-dire de substituer au ton de *mibb majeur*, sa tonalité enharmonique de *ré majeur*.

Ce ne serait plus alors qu'une transposition à la *seconde mineure* du ton écrit.

Il est bien entendu que l'emploi de ce procédé ne serait utile qu'autant que la modulation aurait une certaine durée et serait indiquée, dans un morceau écrit, par un changement d'armure.

L'habitude de la transposition peut s'acquérir en peu de temps; mais il sera toujours prudent, avant de commencer un morceau que l'on ne connaît pas, de le parcourir rapidement des yeux, afin de ne pas s'exposer à rencontrer une difficulté imprévue.

NOTE (*k*). — Page 87.

On a vu (1re partie, 14e leçon) que le *triolet* était la *division ternaire d'une figure de note simple*. On emploie aussi, ce qui est l'inverse du triolet, *la division binaire d'une figure de note pointée*.

Pour noter cette *division binaire*, on se sert des figures mêmes qui représentent la division ternaire, en ayant soin, pour en faciliter la lecture, de placer un 2 au-dessus du groupe binaire.

Deux figures de notes employées dans cette division binaire ont une valeur égale à trois des mêmes figures employées dans la division ternaire (les tiers valent alors des demies).

Si le triolet n'est autre, quelquefois, qu'un *temps d'une mesure composée transporté dans une mesure simple*, la division dont nous parlons ici est au contraire, *un temps d'une mesure simple transporté dans une mesure composée*.

FIN DES NOTES.

FIN DE LA TABLE ALPHABÉTIQUE.

TABLE DES MATIÈRES.

CINQUIÈME PARTIE.

PRINCIPES GÉNÉRAUX DE L'EXÉCUTION MUSICALE.

COMPLÉMENT,

ORNEMENTS.—ABRÉVIATIONS.

FIN.

Imp. H. Lemoine, 17, rue Pigalle.